改訂版

聞いて覚えるドイツ語単語帳

キクタン

ドイツ語

【入門編】

独検5級レベル

アルク

はじめに
「キクタン ドイツ語」とは

ベストセラー「キクタン」を、ドイツ語学習に応用！

単語を聞いて覚える“「聞く」単語集”、すなわち「キクタン」。
「キクタン」シリーズはアルクの英単語学習教材からスタートしました。音楽のリズムに乗りながら楽しく語彙を学ぶ“チャンツ”という学習法を採用し、受験生からTOEICのスコアアップを狙う社会人まで、幅広いユーザーの支持を受けています。

この「キクタン」をベースとして、「独検5級＋日常会話でよく使われる単語」を厳選した『キクタンドイツ語【入門編】独検5級レベル』（初版2010年5月）が刊行されました。本書は、その例文、日本語訳の見直しを行い、音声をダウンロード提供とした改訂版です。

「独検5級レベル」＋「日常会話でよく使われる単語」を精選！

本書は、独検5級レベルの語彙に加えて、ドイツ語の日常会話で頻繁に使われる単語を選んで収録しています。

独検5級の検定基準は、「初歩的なドイツ語を理解し、日常生活でよく使われる簡単な表現や文が運用できる（ドイツ語の授業を約30時間以上受講しているか、これと同じ程度の学習経験のある人）」と設定されています（公益財団法人ドイツ語学文学振興会『ドイツ語技能検定試験（「独検」）各級のレベルと内容』より）。

本書には、ドイツ語を習い始めたばかりの人でも、自分のことを紹介したり、質問をしたり、無理なくドイツ語でコミュニケーションを図る上で役に立つ単語が集められています。独検を目指す人だけではなく、ドイツ語圏への旅行や留学を計画している人にも、お勧めの一冊です。

●独検（ドイツ語技能検定試験）

公益財団法人ドイツ語学文学振興会 独検事務局

https://www.dokken.or.jp/

※最新情報はホームページよりご確認ください。

だから「ゼッタイに覚えられる」！
本書の４大特長

1
目と耳をフル活用して覚える！

だから、
ドイツ語の自然なリズムが
身につく！

音楽のリズムに乗りながら楽しく語彙の学習ができる「チャンツ音声」を用意。また「聞いて意味が分かる」だけではなく、ドイツ語の自然なリズムまでしっかり身につく単語帳を目指しました。

2
冠詞と名詞はセットで覚える！

だから、
今まで難しいと感じていたドイツ語学習が、らくらくスムーズに!

ドイツ語には英語にはない文法上の性があるため、多くの初級者は難しく感じるようです。しかし本書では、冠詞と名詞を無理なくセットで覚えられるので、「名詞の性を覚える」ことが苦手だった人でも、簡単かつ効果的に単語を覚えることができます。

3
1日8語、8週間のカリキュラム学習!

だから、
ムリなくマスターできる！

「ゼッタイに覚える」ことを前提に、1日の学習語彙量を8語に抑えています。8週間、計56日の「カリキュラム学習」ですので、ペースをつかみながら、効率的・効果的に語彙を身につけていくことができます。

4
456の語彙(あいさつを含む) を厳選!

だから、
すぐに使える！

ドイツ語学習の初級段階で最も基本的な語彙をしっかり学習できます。勉強でドイツ語が必要な人にはもちろん、旅行でドイツ語を話したい人にもピッタリの学習書です。

本書とダウンロード音声の活用法

意味を覚えるだけでは終わらせない。
発音やアクセントもしっかりマスター！

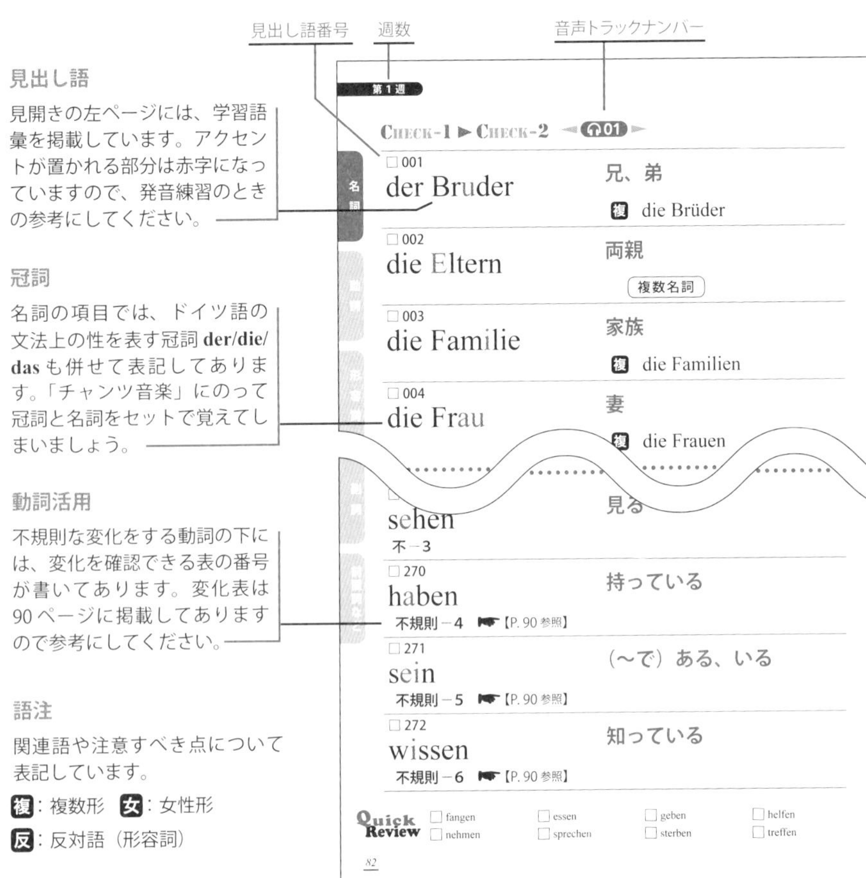

見出し語

見開きの左ページには、学習語彙を掲載しています。アクセントが置かれる部分は赤字になっていますので、発音練習のときの参考にしてください。

冠詞

名詞の項目では、ドイツ語の文法上の性を表す冠詞 **der/die/das** も併せて表記してあります。「チャンツ音楽」にのって冠詞と名詞をセットで覚えてしまいましょう。

動詞活用

不規則な変化をする動詞の下には、変化を確認できる表の番号が書いてあります。変化表は90ページに掲載してありますので参考にしてください。

語注

関連語や注意すべき点について表記しています。

複：複数形　女：女性形

反：反対語（形容詞）

Quick Review 前日に学習した語彙のチェックリストです。左ページにドイツ語、右ページに日本語を掲載してあります。（ページ数の書いてあるものは別）

生活スタイル別 3つの学習モード

聞くだけモード

CHECK-1

音声を聞き流すだけ！
学習時間の目安：1日1分

しっかりモード

CHECK-1 ▶ CHECK-2

発音もマスター！
学習時間の目安：1日2分

1日の学習量は2ページ、学習語彙数は1トラック8語です。音声には、聞いているだけで楽しくなる「チャンツ音楽」のリズムに合わせて、♪ **"essen"** →「食べる」→ **"essen"** ♪というふうに、学習語彙が「ドイツ語→日本語→ドイツ語」の順に収録されています。

日数

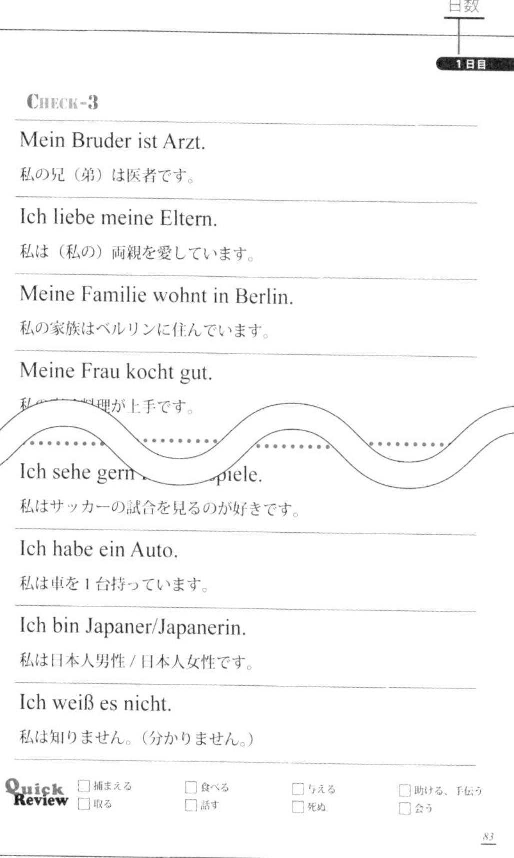

例文

右ページには、見出し語を使った簡単な例文が書かれています。初級者でもすぐに使いやすい、一人称 ich（私）を主語とした文が中心となっています。簡単かつ自然な表現のドイツ語ですので、余力のある人はぜひ覚えて積極的に使ってみましょう。

CHECK-1

該当の音声トラックを呼び出し、見出し語とその意味をチェック！
時間に余裕のある人は、語注の内容も押さえましょう。

CHECK-2

音声に合わせて発音練習！
自然なドイツ語の発音を身につけるため、カタカナ表記はしてありません。アクセントの場所に注意して、耳をフル活用してください。

CHECK-3

見出し語を含む例文・フレーズをチェック！
実践的な例文に触れることで、理解が深まります。

＊音声には見出し語と訳のみが収録されています。

付属チェックシート

本書の赤字部分（アクセント表示は除く）は、チェックシートで隠せるようになっています。日本語の意味が身についているか確認しましょう。

完ぺきモード

CHECK-1 ▶ CHECK-2 ▶ CHECK-3

やるからには完ぺきに!
学習時間の目安：1日10分

※学習時間はあくまでも目安です。時間に余裕があるときは、音声を繰り返し聞いたり、学習語彙やフレーズの音読を重ねたり、なるべく多く学習語彙に触れるよう心がけましょう。

目 次

DL音声の使用に関するご案内

● パソコンでダウンロードする場合
下記の「アルク ダウンロードセンター」にアクセスの上、画面の指示に従って音声ファイルをダウンロードしてください。
https://portal-dlc.alc.co.jp/

● スマートフォンでダウンロードする場合
右のQR コードから学習用アプリ「booco」をインストールの上、ホーム画面下「さがす」から本書を検索し、音声ファイルをダウンロードしてください。
※商品コード（7024050）で検索してください。

名　　詞

＊数字は、音声のトラック番号です

CHECK-1 ▶ CHECK-2 01

□ 001
der Bruder
兄、弟
複 die Brüder

□ 002
die Eltern
両親
複数名詞

□ 003
die Familie
家族
複 die Familien

□ 004
die Frau
妻、女性
複 die Frauen

□ 005
die Geschwister
きょうだい
複数名詞

□ 006
das Kind
子ども
複 die Kinder

□ 007
der Mann
夫、男性
複 die Männer

□ 008
die Mutter
母
複 die Mütter

Quick Review

□ die Zeit □ der Anfang □ das Ende □ das Wort
□ die Zeitung □ die Schule □ die Universität □ der Unterricht

【P. 50】

CHECK-3

Mein Bruder ist Arzt.

私の兄（弟）は医者です。

Ich liebe meine Eltern.

私は（私の）両親を愛しています。

Meine Familie wohnt in Berlin.

私の家族はベルリンに住んでいます。

Meine Frau kocht gut.

私の妻は料理が上手です。

Ich habe keine Geschwister.

私はきょうだいがいません。

Ich habe ein Kind.

私には子どもが一人います。

Mein Mann spielt gern Fußball.

私の夫はサッカーをするのが好きです。

Meine Mutter ist 50 Jahre alt.

私の母は 50 歳です。

- [ ] 時間、時
- [ ] 新聞
- [ ] 始まり
- [ ] 学校
- [ ] 終わり
- [ ] 大学
- [ ] 語、単語
- [ ] 授業

CHECK-1 ▶ CHECK-2 ◀ 02 ▶

□ 009
die Schwester
姉、妹
複 die Schwestern

□ 010
der Sohn
息子
複 die Söhne

□ 011
die Tochter
娘
複 die Töchter

□ 012
der Vater
父
複 die Väter

□ 013
die Tante
おば
複 die Tanten

□ 014
der Onkel
おじ
複 die Onkel

□ 015
das Mädchen
女の子
複 die Mädchen

□ 016
der Junge
男の子
複 die Jungen

Quick Review
□ der Bruder □ die Eltern □ die Familie □ die Frau
□ die Geschwister □ das Kind □ der Mann □ die Mutter

CHECK-3

Meine Schwester ist Studentin.

私の姉（妹）は学生です。

Mein Sohn ist drei Jahre alt.

私の息子は３歳です。

Meine Tochter spielt Klavier.

私の娘はピアノを弾きます。

Mein Vater kommt aus Berlin.

私の父はベルリンの出身です。

Meine Tante ist nett.

私のおばは親切です。

Mein Onkel ist sehr lustig.

私のおじはとても面白いです。

Das Mädchen singt gut.

その女の子は上手に歌います。

Der Junge ist gesund.

その男の子は健康です。

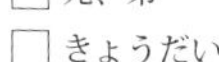
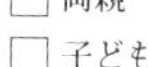

- ☐ 兄、弟
- ☐ きょうだい
- ☐ 両親
- ☐ 子ども
- ☐ 家族
- ☐ 夫
- ☐ 妻
- ☐ 母

CHECK-1 ▶ CHECK-2 ◀ 03 ▶

名詞

動詞

形容詞

副詞

前置詞など

□ 017
der Arzt
医者（男性）
複 die Ärzte 女 die Ärztin

□ 018
der Beruf
職業
複 die Berufe

□ 019
die Firma
会社
複 die Firmen

□ 020
der Lehrer
教師（男性）
複 die Lehrer 女 die Lehrerin

□ 021
der Professor
教授（男性）
複 die Professoren 女 die Professorin

□ 022
die Hausfrau
主婦
複 die Hausfrauen 男 der Hausmann

□ 023
der Schüler
生徒（男性）
複 die Schüler 女 die Schülerin

□ 024
der Student
大学生（男性）
複 die Studenten 女 die Studentin

Quick Review

□ die Schwester	□ der Sohn	□ die Tochter	□ der Vater
□ die Tante	□ der Onkel	□ das Mädchen	□ der Junge

CHECK-3

Ich bin Arzt.

私は医者です。

Was sind Sie von Beruf?

ご職業は何ですか？

Seine Firma ist groß.

彼の会社は大きいです。

Mein Vater ist Lehrer.

私の父は教師です。

Der Professor weiß viel.

その教授は多くのことを知っています。

Meine Mutter ist Hausfrau.

私の母は主婦です。

Mein Bruder ist Schüler.

私の兄（弟）は生徒です。

Ich bin Student.

私は大学生です。

Quick Review

- □ 姉、妹
- □ おば
- □ 息子
- □ おじ
- □ 娘
- □ 女の子
- □ 父
- □ 男の子

CHECK-1 ▶ CHECK-2 ◀ 04 ▶

□ 025
(das) Deutschland ドイツ

□ 026
(das) Deutsch ドイツ語

□ 027
(das) Japan 日本

□ 028
(das) Japanisch 日本語

□ 029
(das) Österreich オーストリア

□ 030
die Schweiz スイス

□ 031
der Japaner 日本人（男性）
複 die Japaner 女 die Japanerin

□ 032
das Ausland 外国

Quick Review
□ der Arzt □ der Beruf □ die Firma □ der Lehrer
□ der Professor □ die Hausfrau □ der Schüler □ der Student

CHECK-3

Ich wohne in Deutschland.

私はドイツに住んでいます。

Ich lerne Deutsch.

私はドイツ語を勉強しています。

Ich komme aus Japan.

私は日本から来ました。

Sie spricht sehr gut Japanisch.

彼女は日本語をとても上手に話します。

Er wohnt in Österreich.

彼はオーストリアに住んでいます。

Er wohnt in der Schweiz.

彼はスイスに住んでいます。

Ich bin Japaner.

私は日本人です。

Ich gehe ins Ausland.

私は外国に行きます。

□ 医者 □ 教授 □ 職業 □ 主婦

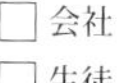

□ 会社 □ 生徒

□ 教師 □ 大学生

CHECK-1 ▶ CHECK-2 05

□ 033
das Brot
パン
複 die Brote

□ 034
das Brötchen
小さいパン
複 die Brötchen

□ 035
die Butter
バター

□ 036
das Ei
卵
複 die Eier

□ 037
das Essen
食事、食べ物

□ 038
der Essig
酢

□ 039
der Fisch
魚
複 die Fische

□ 040
das Fleisch
肉

Quick Review

□ Deutschland □ Deutsch □ Japan □ Japanisch
□ Österreich □ die Schweiz □ der Japaner □ das Ausland

CHECK-3

Zum Frühstück esse ich immer Brot.

朝食に私はいつもパンを食べます。

Eine Wurst mit Brötchen bitte.

ソーセージを小さいパン付きでお願いします。

Ich esse Brot ohne Butter.

私はパンにバターを塗らないで食べます。

Ich esse kein Ei.

私は卵を食べません。

Ich mag deutsches Essen.

私はドイツ料理（ドイツの食べ物）が好きです。

Ich esse Salat mit Essig und Öl.

私はサラダを酢と油で食べます。

Ich esse oft Fisch.

私はよく魚を食べます。

Das Fleisch ist lecker!

その肉はおいしい！

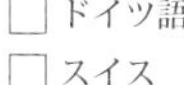

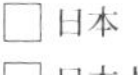

- ☐ ドイツ
- ☐ オーストリア
- ☐ ドイツ語
- ☐ スイス
- ☐ 日本
- ☐ 日本人
- ☐ 日本語
- ☐ 外国

CHECK-1 ▶ CHECK-2 ◀ 06 ▶

☐ 041
der Käse
チーズ

☐ 042
der Kuchen
ケーキ
複 die Kuchen

☐ 043
die Marmelade
ジャム
複 die Marmeladen

☐ 044
das Öl
油

☐ 045
der Reis
米

☐ 046
der Salat
サラダ
複 die Salate

☐ 047
das Salz
塩
複 die Salze

☐ 048
der Schinken
ハム
複 die Schinken

Quick Review

☐ das Brot ☐ das Brötchen ☐ die Butter ☐ das Ei
☐ das Essen ☐ der Essig ☐ der Fisch ☐ das Fleisch

Check-3

Isst du gern Käse?

チーズを食べるのは好きですか？

Meine Mutter backt Kuchen.

私の母はケーキを焼きます。

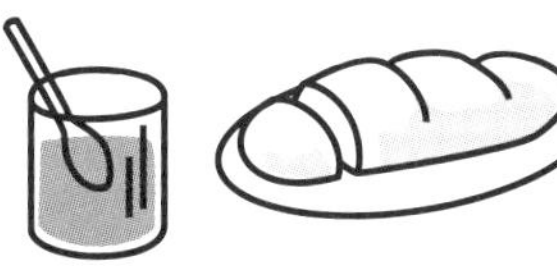

Ich esse Brot mit Marmelade.

私はパンにジャムを塗って食べます。

Ich koche immer mit Öl.

私はいつも油を使って料理をします。

Japaner essen viel Reis.

日本人は米をたくさん食べます。

Salat ist gesund.

サラダはヘルシーです。

Können Sie mir bitte das Salz geben?

私にその塩を取ってくださいますか？

Ich esse gern Brot mit Schinken.

私はパンにハムをのせて食べるのが好きです。

Quick Review

□ パン	□ 小さいパン	□ バター	□ 卵
□ 食事、食べ物	□ 酢	□ 魚	□ 肉

CHECK-1 ▶ CHECK-2 07

□ 049 die Schokolade	チョコレート	複 die Schokoladen
□ 050 die Suppe	スープ	複 die Suppen
□ 051 die Wurst	ソーセージ	複 die Würste
□ 052 der Zucker	砂糖	
□ 053 der Hunger	空腹	
□ 054 der Pfeffer	コショウ	
□ 055 die Sahne	クリーム	
□ 056 das Frühstück	朝食	

Quick Review

□ der Käse □ der Kuchen □ die Marmelade □ das Öl

□ der Reis □ der Salat □ das Salz □ der Schinken

CHECK-3

Ich liebe Schokolade!

私はチョコが大好き！

Ich esse gern Suppe*.
私はスープを飲むのが好きです。
* ドイツ語では、スープは「飲む trinken」ではなく「食べる essen」と表現します。

Deutsche essen viel Wurst.

ドイツ人はたくさんソーセージを食べます。

Ich trinke Kaffee mit Zucker.

私はコーヒーに砂糖を入れて飲みます。

Ich habe Hunger!

お腹がすいた！

Kannst du mir bitte den Pfeffer geben?

コショウを取ってくれる？

Einen Kaffee mit Sahne bitte.

クリーム入りのコーヒーをお願いします。

Ich esse kein Frühstück.

私は朝食を食べません。

Quick Review

- [ ] チーズ
- [ ] 米
- [ ] ケーキ
- [ ] サラダ
- [ ] ジャム
- [ ] 塩
- [ ] 油
- [ ] ハム

CHECK-1 ▶ CHECK-2 ◀ 08 ▶

□ 057
das Bier ビール

□ 058
der Kaffee コーヒー

□ 059
die Milch 牛乳

□ 060
der Saft ジュース
複 die Säfte

□ 061
der Tee 紅茶、茶

□ 062
das Wasser 水

□ 063
der Wein ワイン

□ 064
der Durst のどの渇き

Quick Review
□ die Schokolade □ die Suppe □ die Wurst □ der Zucker
□ der Hunger □ der Pfeffer □ die Sahne □ das Frühstück

CHECK-3

Ich trinke gern Bier.

私はビールを飲むのが好きです。

Ich trinke Kaffee ohne Milch.

私はコーヒーにミルクを入れないで飲みます。

Meine Tochter trinkt nicht gern Milch.

私の娘は牛乳を飲むのが好きではありません。

Der Saft ist süß.

そのジュースは甘いです。

Ich trinke Tee mit Milch.

私は紅茶にミルクを入れて飲みます。

Ich trinke immer Wasser.

私はいつも水を飲みます。

Der Wein ist lecker.

そのワインはおいしいです。

Ich habe Durst.

私はのどが渇いています。

- [ ] チョコレート
- [ ] 空腹
- [ ] スープ
- [ ] コショウ
- [ ] ソーセージ
- [ ] クリーム
- [ ] 砂糖
- [ ] 朝食

CHECK-1 ▶ CHECK-2 09

名詞

動詞

形容詞

副詞

前置詞など

□ 065
der Baum
木
複 die Bäume

□ 066
der Berg
山
複 die Berge

□ 067
die Blume
花
複 die Blumen

□ 068
das Feld
野原、畑
複 die Felder

□ 069
der Fluss
川
複 die Flüsse

□ 070
der Himmel
空、天

□ 071
der Hund
犬
複 die Hunde

□ 072
die Katze
猫
複 die Katzen

Quick Review
□ das Bier □ der Kaffee □ die Milch □ der Saft
□ der Tee □ das Wasser □ der Wein □ der Durst

CHECK-3

Im Park sind viele Bäume.

公園にはたくさんの木があります。

Der Berg ist hoch.

その山は高いです。

Blumen sind schön.

花は美しいです。

Der Bauer arbeitet auf dem Feld.

その農家の人は、畑で働いています。

Der Rhein ist ein wichtiger Fluss in Deutschland.

ライン川はドイツで重要な川です。

Der Himmel ist blau.

空は青いです。

Ich habe einen Hund.

私は犬を 1 匹飼っています。

Die Katze ist süß.

その猫は可愛いです。

- [ ] ビール
- [ ] 紅茶
- [ ] コーヒー
- [ ] 水
- [ ] 牛乳
- [ ] ワイン
- [ ] ジュース
- [ ] のどの渇き

名詞 動詞 形容詞 副詞 前置詞など

CHECK-1 ▶ CHECK-2 ◀ 10 ▶

□ 073
die Luft
空気

□ 074
das Meer
海
複 die Meere

□ 075
der Mond
月

□ 076
die Natur
自然

□ 077
die Pflanze
植物
複 die Pflanzen

□ 078
der Regen
雨

□ 079
der Schnee
雪

□ 080
der See
湖
複 die Seen

Quick Review
□ der Baum □ der Berg □ die Blume □ das Feld
□ der Fluss □ der Himmel □ der Hund □ die Katze

CHECK-3

Die Luft ist sauber.

空気がきれいです。

Mein Haus liegt am Meer.

私の家は海沿いにあります。

Der Mond ist schön.

月は美しいです。

Ich liebe die Natur.

私は自然を愛しています。

In der Wohnung sind viele Pflanzen.

住まいにはたくさんの植物があります。

Der Regen ist sehr stark.

雨がとても強いです。

Das ist weiß wie Schnee.

それは雪のように白い。

Kann man in diesem See schwimmen?

この湖で泳げますか？

Quick Review

- □ 木
- □ 川
- □ 山
- □ 空、天
- □ 花
- □ 犬
- □ 野原、畑
- □ 猫

CHECK-1 ▶ CHECK-2 ◀ 11 ▶

□ 081
die Sonne
太陽

□ 082
der Stern
星
複 die Sterne

□ 083
das Tier
動物
複 die Tiere

□ 084
der Vogel
鳥
複 die Vögel

□ 085
der Wald
森
複 die Wälder

□ 086
das Wetter
天気

□ 087
der Wind
風
複 die Winde

□ 088
das Pferd
馬
複 die Pferde

Quick Review

□ die Luft	□ das Meer	□ der Mond	□ die Natur
□ die Pflanze	□ der Regen	□ der Schnee	□ der See

CHECK-3

Die Sonne scheint immer.

太陽がいつも照っています。

Es gibt viele Sterne am Himmel.

空には星がたくさんあります。

Im Zoo kann man Tiere sehen.

動物園では動物を見ることができます。

Der Papagei ist ein Vogel.

オウムは鳥です。

Ich gehe im Wald spazieren.

私は森の中を散歩します。

Das Wetter ist sehr schön heute.

今日は天気がとてもいいです。

Der Wind ist stark heute.

今日は風が強いです。

Ich reite ein Pferd.

私は馬に乗ります。

Quick Review

□ 空気	□ 海	□ 月	□ 自然
□ 植物	□ 雨	□ 雪	□ 湖

名詞 動詞 形容詞 副詞 前置詞など

CHECK-1 ▶ CHECK-2 ◀ 12 ▶

□ 089
die Bäckerei
パン屋
複 die Bäckereien

□ 090
das Geschäft
店
複 die Geschäfte

□ 091
das Kaufhaus
デパート
複 die Kaufhäuser

□ 092
das Kino
映画館
複 die Kinos

□ 093
die Kirche
教会
複 die Kirchen

□ 094
das Krankenhaus
病院
複 die Krankenhäuser

□ 095
der Markt
市場、広場
複 die Märkte

□ 096
der Park
公園
複 die Parks

Quick Review

□ die Sonne	□ der Stern	□ das Tier	□ der Vogel
□ der Wald	□ das Wetter	□ der Wind	□ das Pferd

CHECK-3

Mein Haus ist neben der Bäckerei.

私の家はパン屋の隣です。

Das Geschäft ist zu.

その店は閉まっています。

Das Kaufhaus ist sehr groß.

そのデパートはとても大きいです。

Ich gehe oft ins Kino.

私はよく映画を見に行きます。

Wo ist die Kirche?

教会はどこですか？

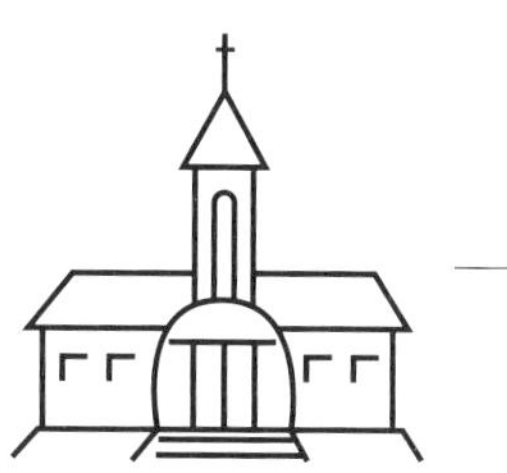

Wo ist das Krankenhaus?

病院はどこですか？

Auf dem Markt gibt es frisches Obst.

市場には新鮮な果物があります。

Das ist ein schöner Park.

これは美しい公園です。

Quick Review

- [ ] 太陽
- [ ] 森
- [ ] 星
- [ ] 天気
- [ ] 動物
- [ ] 風
- [ ] 鳥
- [ ] 馬

CHECK-1 ▶ CHECK-2 ◀ 13 ▶

□ 097
der Platz
席、場所、広場
複 die Plätze

□ 098
die Polizei
警察

□ 099
die Post
郵便局

□ 100
das Rathaus
市庁舎
複 die Rathäuser

□ 101
das Schloss
城
複 die Schlösser

□ 102
die Stadt
町
複 die Städte

□ 103
die Straße
通り
複 die Straßen

□ 104
das Hotel
ホテル
複 die Hotels

Quick Review

□ die Bäckerei □ das Geschäft □ das Kaufhaus □ das Kino
□ die Kirche □ das Krankenhaus □ der Markt □ der Park

CHECK-3

Ist der Platz hier frei?

この席は空いていますか？

Rufen Sie bitte die Polizei!

警察を呼んでください!!

Wo ist die Post?

郵便局はどこですか？

Das Rathaus ist alt.

その市庁舎は古いです。

Das Schloss in Heidelberg ist sehr bekannt.

ハイデルベルクにある城はとても有名です。

Heidelberg ist eine schöne Stadt.

ハイデルベルクは美しい町です。

Auf der Straße spielen viele Kinder.

通りではたくさんの子どもたちが遊んでいます。

Ich wohne in einem Hotel.

私はあるホテルに滞在しています。

□ パン屋	□ 店	□ デパート	□ 映画館
□ 教会	□ 病院	□ 市場、広場	□ 公園

CHECK-1 ▶ CHECK-2 ◀ 14 ▶

☐ 105
die Abfahrt
出発

☐ 106
die Ankunft
到着

☐ 107
das Auto
車、自動車
複 die Autos

☐ 108
die Autobahn
高速道路、アウトバーン
複 die Autobahnen

☐ 109
die Bahn
電車、鉄道
複 die Bahnen

☐ 110
der Bahnhof
駅
複 die Bahnhöfe

☐ 111
der Bus
バス
複 die Busse

☐ 112
das Fahrrad
自転車
複 die Fahrräder

Quick Review

☐ der Platz	☐ die Polizei	☐ die Post	☐ das Rathaus
☐ das Schloss	☐ die Stadt	☐ die Straße	☐ das Hotel

CHECK-3

Die Abfahrt ist morgen.

出発は明日です。

Die Ankunft ist am Donnerstag.

到着は木曜日です。

Ich fahre gern Auto.

私は車の運転が好きです。

Auf der Autobahn kann man schnell fahren.

アウトバーンでは速く走れます。

Ich fahre mit der Bahn.

私は電車で行きます。

Ich gehe zum Bahnhof.

私は駅に行きます。

Ich fahre mit dem Bus.

私はバスで行きます。

Ich fahre gern Fahrrad.

私は自転車に乗るのが好きです。

Quick Review

- [ ] 席、場所、広場
- [ ] 城
- [ ] 警察
- [ ] 町
- [ ] 郵便局
- [ ] 通り
- [ ] 市庁舎
- [ ] ホテル

CHECK-1 ▶ CHECK-2 ◀ 15 ▶

☐ 113
die Fahrkarte
乗車券
複 die Fahrkarten

☐ 114
der Fahrplan
時刻表
複 die Fahrpläne

☐ 115
das Flugzeug
飛行機
複 die Flugzeuge

☐ 116
die Haltestelle
停留所
複 die Haltestellen

☐ 117
das Schiff
船
複 die Schiffe

☐ 118
das Taxi
タクシー
複 die Taxis

☐ 119
der Wagen
自動車、車両
複 die Wagen

☐ 120
der Zug
列車
複 die Züge

Quick Review
☐ die Abfahrt ☐ die Ankunft ☐ das Auto ☐ die Autobahn
☐ die Bahn ☐ der Bahnhof ☐ der Bus ☐ das Fahrrad

CHECK-3

Ich kaufe eine Fahrkarte.

私は乗車券を１枚買います。

Haben Sie einen Fahrplan?

時刻表を持っていますか？

Das Flugzeug ist sehr modern.

その飛行機はとても近代的です。

Wo ist die nächste Haltestelle?

一番近い停留所はどこですか？

Das Schiff ist groß.

その船は大きいです。

Können Sie ein Taxi rufen?

タクシーを呼んでいただけますか？

Ist das ein neuer Wagen?

これは新しい車ですか？

Ich fahre mit dem Zug.

私は列車で行きます。

Quick Review

- □ 出発
- □ 電車、鉄道
- □ 到着
- □ 駅
- □ 車、自動車
- □ バス
- □ 高速道路、アウトバーン
- □ 自転車

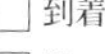

CHECK-1 ▶ CHECK-2 ◀ 16 ▶

□ 121
das Bad
風呂
複 die Bäder

□ 122
das Bett
ベッド
複 die Betten

□ 123
die Dusche
シャワー
複 die Duschen

□ 124
das Fenster
窓
複 die Fenster

□ 125
der Fernseher
テレビ
複 die Fernseher

□ 126
der Garten
庭
複 die Gärten

□ 127
das Haus
家、建物
複 die Häuser

□ 128
die Heizung
暖房
複 die Heizungen

Quick Review
□ die Fahrkarte □ der Fahrplan □ das Flugzeug □ die Haltestelle
□ das Schiff □ das Taxi □ der Wagen □ der Zug

Check-3

Ich nehme ein Bad.

私は風呂に入ります。

Ich gehe ins Bett.

私はベッドに入ります（寝ます）。

Ich nehme eine Dusche.

私はシャワーを浴びます。

Darf ich das Fenster zumachen?

窓を閉めてもいいですか？

Das ist ein Fernseher.

これはテレビです。

Unser Haus hat einen großen Garten.

私たちの家には大きな庭があります。

Wie alt ist das Haus?

この家（建物）はどのくらい古いですか？

Die Heizung ist kaputt.

この暖房は壊れています。

Quick Review

- [ ] 乗車券
- [ ] 船
- [ ] 時刻表
- [ ] タクシー
- [ ] 飛行機
- [ ] 自動車、車両
- [ ] 停留所
- [ ] 列車

CHECK-1 ▶ CHECK-2 ◀ 17 ▶

□ 129
die Küche
キッチン
複 die Küchen

□ 130
der Kühlschrank
冷蔵庫
複 die Kühlschränke

□ 131
der Schlüssel
鍵
複 die Schlüssel

□ 132
das Regal
棚、本棚
複 die Regale

□ 133
der Schrank
戸棚、たんす
複 die Schränke

□ 134
der Spiegel
鏡
複 die Spiegel

□ 135
der Stuhl
椅子
複 die Stühle

□ 136
das Telefon
電話
複 die Telefone

Quick Review

□ das Bad	□ das Bett	□ die Dusche	□ das Fenster
□ der Fernseher	□ der Garten	□ das Haus	□ die Heizung

CHECK-3

Die Küche ist sauber.

そのキッチンは清潔です。

Der Kühlschrank ist sehr groß.

この冷蔵庫はとても大きいです。

Ich brauche einen neuen Schlüssel.

私は新しい鍵が必要です。

Ich baue ein Regal.

私は棚を作ります。

Der Mantel ist im Schrank.

コートはたんすの中にあります。

Im Badezimmer ist ein Spiegel.

風呂場に鏡があります。

Der Stuhl ist kaputt.

その椅子は壊れています。

Auf dem Tisch ist ein Telefon.

テーブルの上に電話があります。

Quick Review

- □ 風呂 □ ベッド □ シャワー □ 窓
- □ テレビ □ 庭 □ 家、建物 □ 暖房

CHECK-1 ▶ CHECK-2 ◀ 18 ▶

名詞 動詞 形容詞 副詞 前置詞など

□ 137
der Tisch
テーブル
複 die Tische

□ 138
die Toilette
トイレ
複 die Toiletten

□ 139
die Tür
ドア
複 die Türen

□ 140
die Uhr
時計
複 die Uhren

□ 141
die Wand
壁
複 die Wände

□ 142
die Waschmaschine
洗濯機
複 die Waschmaschinen

□ 143
die Wohnung
住まい、アパート、マンション
複 die Wohnungen

□ 144
das Zimmer
部屋
複 die Zimmer

Quick Review

□ die Küche □ der Kühlschrank □ der Schlüssel □ das Regal
□ der Schrank □ der Spiegel □ der Stuhl □ das Telefon

CHECK-3

Der Tisch ist groß.

そのテーブルは大きいです。

Wo ist die Toilette?

トイレはどこですか？

Die Tür ist zu.

ドアは閉まっています。

An der Wand hängt eine Uhr.

壁に時計が掛かっています。

Die Wände sind dünn.

その壁は薄いです。

Die Waschmaschine ist kaputt.

その洗濯機は壊れています。

Die Wohnung ist sehr hell.

その住居はとても明るいです。

Ich suche ein Zimmer.

私は部屋を探しています。

Quick Review

□ キッチン	□ 冷蔵庫	□ 鍵	□ 棚、本棚
□ 戸棚、たんす	□ 鏡	□ 椅子	□ 電話

CHECK-1 ▶ CHECK-2 ◀ 19 ▶

□ 145
das Bild
絵、写真
複 die Bilder

□ 146
der Brief
手紙
複 die Briefe

□ 147
das Buch
本
複 die Bücher

□ 148
das Heft
ノート
複 die Hefte

□ 149
die Karte
カード
複 die Karten

□ 150
das Papier
紙
複 die Papiere

□ 151
der Stift
ペン、鉛筆
複 die Stifte

□ 152
das Wörterbuch
辞書
複 die Wörterbücher

Quick Review
□ der Tisch □ die Toilette □ die Tür □ die Uhr
□ die Wand □ die Waschmaschine □ die Wohnung □ das Zimmer

Check-3

Das Bild ist schön.

その絵は美しいです。

Ich schreibe einen Brief.

私は手紙を書きます。

Ich lese ein Buch.

私は本を読んでいます。

Ich kaufe ein Heft.

私はノートを１冊買います。

Ich schicke cine Karte.

私はカード（はがき）を送ります。

Ich schneide das Papier.

私はその紙を切ります。

Hast du einen Stift?

ペン（書くもの）持ってる？

Das ist mein Wörterbuch.

これは私の辞書です。

□ テーブル	□ トイレ	□ ドア	□ 時計
□ 壁	□ 洗濯機	□ 住まい、アパート、マンション	□ 部屋

CHECK-1 ▶ CHECK-2 ◀ 20 ▶

□ 153
der Fußball
サッカー

□ 154
die Geige
バイオリン
複 die Geigen

□ 155
das Klavier
ピアノ
複 die Klaviere

□ 156
das Museum
博物館
複 die Museen

□ 157
die Oper
オペラ
複 die Opern

□ 158
die Reise
旅行
複 die Reisen

□ 159
das Theater
劇場
複 die Theater

□ 160
der Urlaub
休暇
複 die Urlaube

Quick Review

□ das Bild	□ der Brief	□ das Buch	□ das Heft
□ die Karte	□ das Papier	□ der Stift	□ das Wörterbuch

CHECK-3

Mein Bruder spielt Fußball.

私の兄（弟）はサッカーをします。

Meine Schwester spielt Geige.

私の姉（妹）はバイオリンを弾きます。

Ich spiele gern Klavier.

私はピアノを弾くのが好きです。

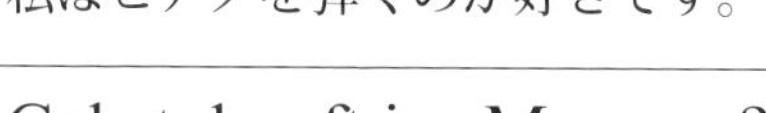

Gehst du oft ins Museum?

よく博物館に行きますか？

Ich gehe oft in die Oper.

私はよくオペラに行きます。

Ich plane eine Reise.

私は旅行を計画しています。

Gehst du gern ins Theater?

芝居に行くのは好きですか？

Ich nehme nächste Woche Urlaub.

私は来週、休暇をとります。

Quick Review

- [ ] 絵、写真
- [ ] カード
- [ ] 手紙
- [ ] 紙
- [ ] 本
- [ ] ペン、鉛筆
- [ ] ノート
- [ ] 辞書

Check-1 ▶ Check-2 ◀ 21 ▶

□ 161
die Frage
質問
複 die Fragen

□ 162
der Geburtstag
誕生日
複 die Geburtstage

□ 163
das Geld
お金

□ 164
die Liebe
愛

□ 165
der Freund
友達（男性）
複 die Freunde 女 die Freundin

□ 166
der Name
名前
複 die Namen

□ 167
der Schmerz
痛み
複 die Schmerzen

□ 168
die Sprache
言語
複 die Sprachen

Quick Review
□ der Fußball □ die Geige □ das Klavier □ das Museum
□ die Oper □ die Reise □ das Theater □ der Urlaub

CHECK-3

Hast du noch Fragen?

何かほかに質問はありますか？

Wann hast du Geburtstag?

誕生日はいつですか？

Ich habe kein Geld.

私はお金がありません。

Liebe macht blind.

恋は盲目。

Mein Freund wohnt in Frankfurt.

私の（男）友達はフランクフルトに住んでいます。

Mein Name ist Julia.

私の名前はユリアです。

Ich habe Kopfschmerzen.

私は頭痛がします。

Wie viele Sprachen sprichst du?

何か国語を話しますか？

□ サッカー	□ バイオリン	□ ピアノ	□ 博物館
□ オペラ	□ 旅行	□ 劇場	□ 休暇

CHECK-1 ▶ CHECK-2 22

名詞 動詞 形容詞 副詞 前置詞など

□ 169
die Zeit
時間、時

□ 170
der Anfang
始まり

□ 171
das Ende
終わり

□ 172
das Wort
語、単語
複 die Wörter

□ 173
die Zeitung
新聞
複 die Zeitungen

□ 174
die Schule
学校
複 die Schulen

□ 175
die Universität
大学
複 die Universitäten

□ 176
der Unterricht
授業

Quick Review

□ die Frage	□ der Geburtstag	□ das Geld	□ die Liebe
□ der Freund	□ der Name	□ der Schmerz	□ die Sprache

CHECK-3

Heute habe ich Zeit.

今日、私は時間があります。

Anfang Mai kommt er nach Japan.

5月初めに彼は日本に来ます。

Der Unterricht geht zu Ende.

授業が終わります。

Ich verstehe kein Wort.

一言も理解できません。

Ich lese jeden Tag Zeitung.

私は毎日、新聞を読みます。

Meine Tochter geht zur Schule.

私の娘は学校に通っています。

Ich gehe zur Universität.

私は大学に行きます。

Heute habe ich keinen Unterricht.

今日、私は授業がありません。

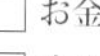

- □ 質問
- □ 誕生日
- □ お金
- □ 愛
- □ 友達
- □ 名前
- □ 痛み
- □ 言語

付録（Ⅰ）人称代名詞と冠詞の変化

1＿人称代名詞

	単数	複数
一人称	ich　私	wir　私たち
二人称	du　君 Sie　あなた	ihr　君たち Sie　あなたたち
三人称	er　彼 sie　彼女 es　(it) それ	sie　彼ら、それら

2＿人称代名詞の格変化　57

	一人称（単）	二人称（単）		三人称（単）		
1格（～は）	ich	du	Sie	er	sie	es
4格（～を）	mich	dich	Sie	ihn	sie	es
	一人称（複）	二人称（複）		三人称（複）		
1格	wir	ihr	Sie	sie		
4格	uns	euch	Sie	sie		

3＿定冠詞の格変化

	男性	女性	中性	複数
1格（～は）	der Vater	die Mutter	das Kind	die Eltern
4格（～を）	den Vater	die Mutter	das Kind	die Eltern

4＿不定冠詞の格変化

	男性	女性	中性
1格	ein Stift	eine Uhr	ein Buch
4格	einen Stift	eine Uhr	ein Buch

5＿所有冠詞の格変化

	男性名詞	女性名詞	中性名詞	複数名詞
1格	mein Vater	meine Mutter	mein Kind	meine Eltern
4格	meinen Vater	meine Mutter	mein Kind	meine Eltern

6＿所有冠詞の人称変化 58

	単数	複数
一人称	ich → mein	wir → unser
二人称	du → dein Sie → Ihr	ihr → euer Sie → Ihr
三人称	er → sein sie → ihr es → sein	sie → ihr

付録（II）身の回りのドイツ語

□ 001

1. der Körper［体］

□ 007
die Schulter
肩

□ 002
der Hals
首

□ 003
der Arm
腕

□ 008
der Finger
指

□ 004
der Magen
胃

□ 005
der Bauch
お腹

□ 009
das Blut
血

□ 006
das Bein
脚

□ 010
der Fuß
足

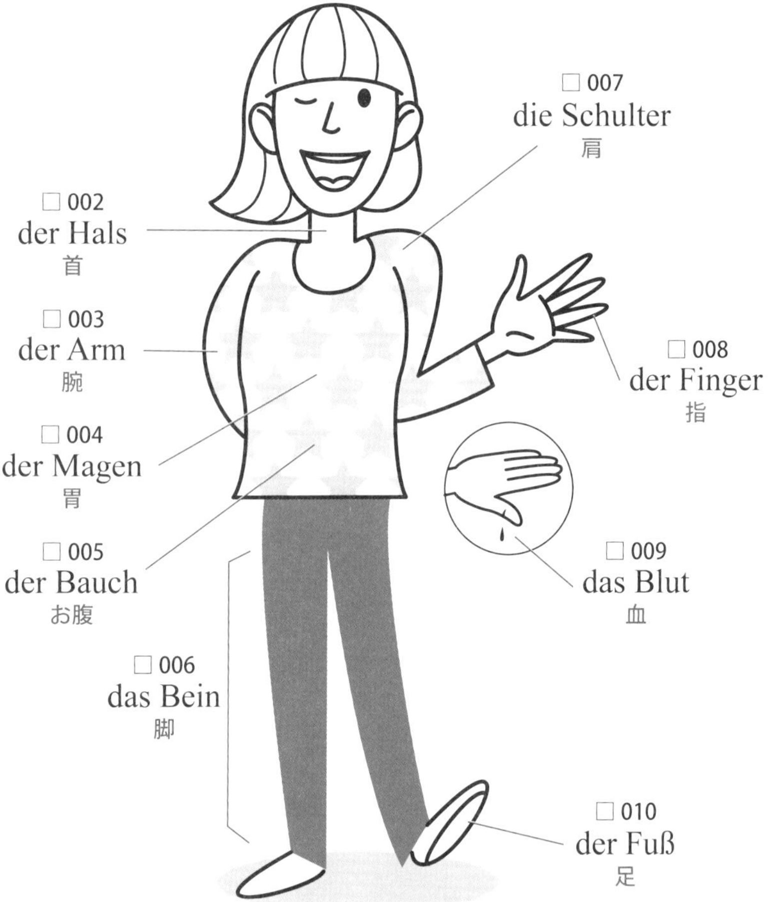

□ 011

2. das Gesicht［顔］

□ 012
das Haar
髪

□ 017
der Kopf
頭

□ 013
die Lippe
唇

□ 018
das Auge
目

□ 019
die Nase
鼻

□ 014
der Zahn
歯

□ 015
der Mund
口

□ 020
das Ohr
耳

□ 016
die Zunge
舌

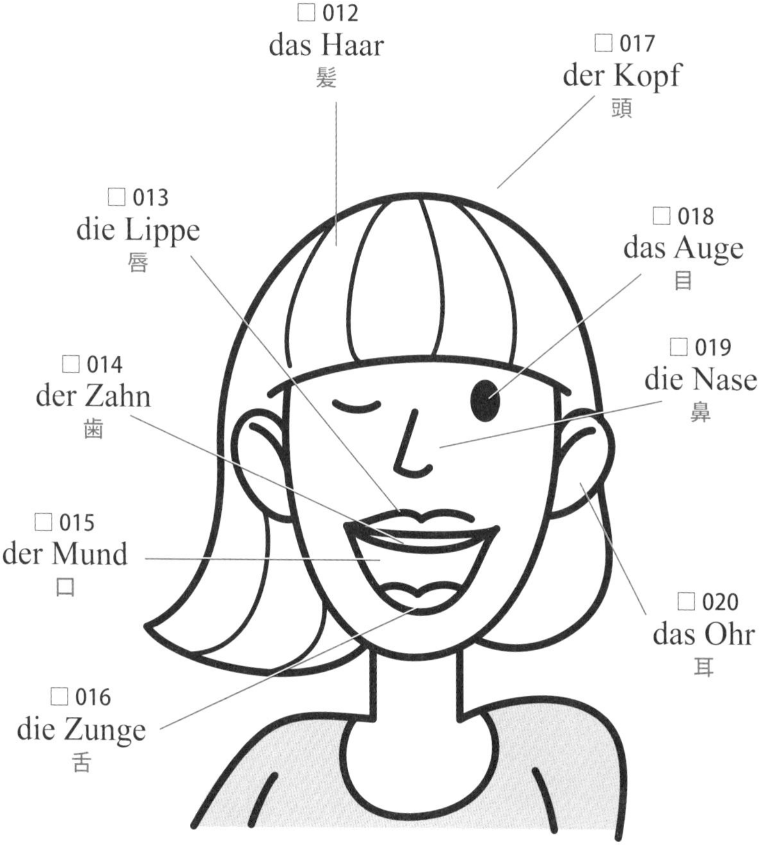

□ 021

3. die Kleidung［衣類等］

□ 022
der Anzug
スーツ

□ 023
die Tasche
かばん

□ 024
die Brille
めがね

□ 025
das Handy
携帯電話

□ 026
die Krawatte
ネクタイ

□ 027
die Jacke
ジャケット

□ 028
das Hemd
シャツ

□ 029
die Hose
ズボン

□ 030
der Gürtel
ベルト

□ 031
das Kleid
ワンピース

□ 032
der Pullover
セーター

□ 033
der Mantel
コート

□ 034
der Rock
スカート

□ 035
die Schuhe
靴（複数で使うことが多い）

□ 036 □ 037

4. das Gemüse und das Obst ［野菜と果物］ 62

□ 038
die Gurke
きゅうり

□ 039
die Kartoffel
じゃがいも

□ 040
der Kohl
キャベツ

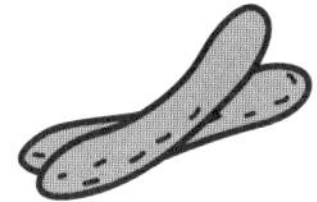

□ 041
der Spargel
アスパラガス

□ 042
die Möhre
にんじん

□ 043
die Tomate
トマト

□ 044
die Zwiebel
たまねぎ

□ 045
die Kirsche
さくらんぼ

□ 046
die Erdbeere
いちご

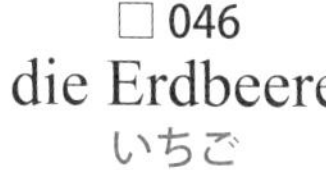

□ 047
die Orange
オレンジ

□ 048
der Apfel
りんご

□ 049
die Banane
バナナ

□ 050
die Zitrone
レモン

□ 051
die Traube
ぶどう

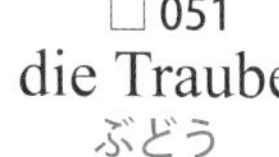

□ 052

5. das Geschirr［食器類］

◀ 63 ▶

□ 053
die Flasche
瓶

□ 054
der Becher
コップ

□ 055
das Glas
グラス

□ 056
der Topf
なべ

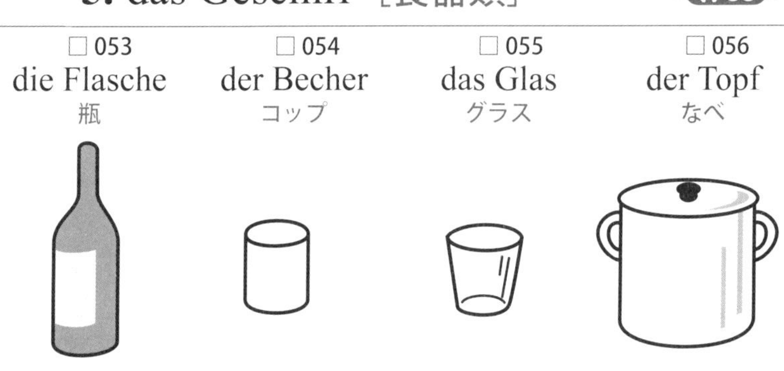

□ 057
am Tisch
テーブルで

□ 060
das Messer
ナイフ
□ 059
die Gabel
フォーク
□ 058
der Löffel
スプーン
□ 061
die Tasse
カップ
□ 062
der Teller
皿
□ 063
das Stäbchen
箸
□ 064
die Serviette
ナプキン

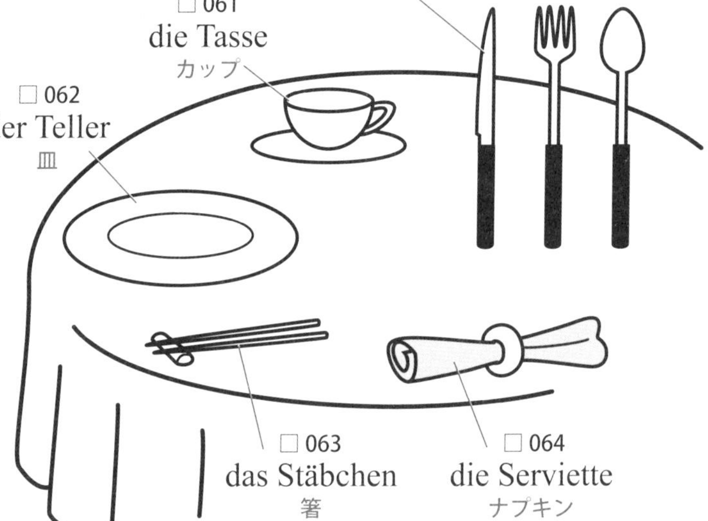

動詞・助動詞

＊数字は、音声のトラック番号です

名詞 動詞 形容詞 副詞 前置詞など

CHECK-1 ▶ CHECK-2 ◀ 23 ▶

□ 177
antworten
答える

□ 178
arbeiten
働く

□ 179
beginnen
始める、始まる

□ 180
bekommen
もらう

□ 181
benutzen
使う、使用する

□ 182
bestellen
注文する

□ 183
besuchen
訪問する

□ 184
bezahlen
支払う

Quick Review

【P. 88】

□ können □ müssen □ dürfen □ sollen
□ möchten □ wollen □ werden □ mögen

CHECK-3

Ich antworte auf deine Frage.

私は君の質問に答えます。

Er arbeitet fleißig.

彼は勤勉に働きます。

Ich beginne jetzt.

私が今始めます。

Ich bekomme ein Paket.

私は小包をもらいます。

Ich benutze eine Gabel.

私はフォークを使います。

Ich bestelle ein Bier.

私はビールを1杯注文します。

Ich besuche ein Museum.

私は博物館を訪ねます。

Wir möchten bezahlen.

支払いたいのですが。

- [ ] ～できる
- [ ] ～したい
- [ ] ～しなければならない
- [ ] ～するつもりだ
- [ ] ～してもよい
- [ ] ～になる
- [ ] ～すべきだ
- [ ] ～かもしれない

CHECK-1 ▶ CHECK-2 ◀ 24 ▶

☐ 185
bleiben
とどまる

☐ 186
brauchen
必要とする

☐ 187
bringen
持ってくる、持っていく

☐ 188
danken
感謝する

☐ 189
denken
考える

☐ 190
drücken
押す

☐ 191
finden
見つける、〜と思う

☐ 192
fliegen
飛ぶ

Quick Review

☐ antworten ☐ arbeiten ☐ beginnen ☐ bekommen
☐ benutzen ☐ bestellen ☐ besuchen ☐ bezahlen

Check-3

Ich bleibe hier.

私はここに残ります。

Ich brauche Zeit.

私は時間が必要です。

Ich bringe einen Regenschirm.

私は傘を持ってきます。

Ich danke dir!

ありがとう！

Ich denke an dich.

君のことを考えてます。

Ich drücke den Knopf.

私はそのボタンを押します。

Ich muss mein Buch finden. 私は（私の）本を見つけなければならない。

Ich finde ihn sehr nett. 私は彼をとても親切だと思います。

Ich fliege nach Deutschland.

私は（飛行機で）ドイツに行きます。

Quick Review

- [ ] 答える
- [ ] 使う、使用する
- [ ] 働く
- [ ] 注文する
- [ ] 始める、始まる
- [ ] 訪問する
- [ ] もらう
- [ ] 支払う

CHECK-1 ▶ CHECK-2 25

☐ 193
fragen
尋ねる

☐ 194
fühlen
感じる

☐ 195
gehen
行く

☐ 196
glauben
信じる、思う

☐ 197
heißen
～という名前である

☐ 198
hoffen
望む

☐ 199
hören
聞く、聴く

☐ 200
kaufen
買う

Quick Review

☐ bleiben	☐ brauchen	☐ bringen	☐ danken
☐ denken	☐ drücken	☐ finden	☐ fliegen

CHECK-3

Ich frage ihn nach seiner Telefonnummer.

私は彼に彼の電話番号を尋ねます。

Ich fühle keine Schmerzen.

私は痛みを感じません。

Ich gehe zum Bahnhof.

私は駅に行きます。

Ich glaube dir.

私は君を信じています。

Ich heiße Taro.

私の名前は太郎です。

Ich hoffe, es geht dir gut.

私は、君が元気であることを願っています。

Ich höre gern Musik.

私は音楽を聴くのが好きです。

Ich kaufe ein Brot.

私はパンを一つ買います。

□ とどまる	□ 必要とする	□ 持ってくる	□ 感謝する
□ 考える	□ 押す	□ 見つける、～と思う	□ 飛ぶ

CHECK-1 ▶ CHECK-2 ◀ 26 ▶

□ 201
kennen 知っている

□ 202
kochen 料理する

□ 203
kommen 来る

□ 204
kosten ～の値段である

□ 205
lachen 笑う

□ 206
leben 生きている、生活している

□ 207
legen 横たえる、横にして置く

□ 208
lernen 学ぶ、習う

Quick Review

□ fragen □ fühlen □ gehen □ glauben
□ heißen □ hoffen □ hören □ kaufen

CHECK-3

Ich kenne die Frau.

私はその女性を知っています。

Ich koche jeden Tag.

私は毎日、料理をします。

Er kommt morgen nicht.

彼は明日、来ません。

Was kostet das?

これはいくらですか？

Sie lacht viel.

彼女はよく笑います。

Viele Vögel leben im Wald.

たくさんの鳥が森で生きています。

Ich lege das Buch auf den Tisch.

私は本をテーブルの上に置きます。

Ich lerne Deutsch.

私はドイツ語を習っています。

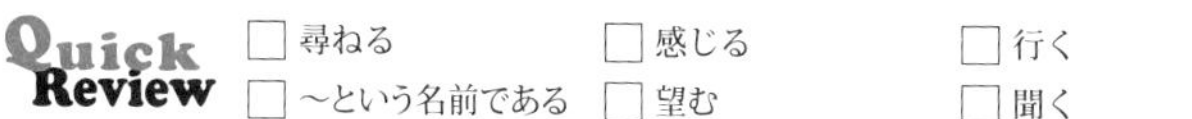

Quick Review

- ☐ 尋ねる
- ☐ ～という名前である
- ☐ 感じる
- ☐ 望む
- ☐ 行く
- ☐ 聞く
- ☐ 信じる、思う
- ☐ 買う

CHECK-1 ▶ CHECK-2 ◀ 27 ▶

☐ 209
lieben 愛する

☐ 210
liegen （横に）置いてある

☐ 211
machen する、作る

☐ 212
mieten （有料で）借りる

☐ 213
öffnen 開ける

☐ 214
putzen 掃除する、きれいにする

☐ 215
regnen 雨が降る

☐ 216
reservieren 予約する

Quick Review

☐ kennen ☐ kochen ☐ kommen ☐ kosten
☐ lachen ☐ leben ☐ legen ☐ lernen

CHECK-3

Ich liebe dich.

私は君を愛しています。

Das Buch liegt auf dem Tisch.

その本はテーブルの上に置いてあります。

Ich muss meine Hausaufgaben machen.

私は宿題をしなければなりません。

Ich miete ein Auto.

私は車を借ります。

Ich öffne die Flasche.

私は瓶の栓を抜きます。

Ich putze nicht gern.

私はお掃除をするのは好きではありません。

Es regnet.

雨が降っています。

Ich reserviere ein Einzelzimmer.

私はシングルルームを一室予約します。

- □ 知っている
- □ 笑う
- □ 料理する
- □ 生きている、生活している
- □ 来る
- □ 横たえる、横にして置く
- □ ～の値段である
- □ 学ぶ、習う

CHECK-1 ► CHECK-2 ◄ 28 ►

□ 217
sagen
言う

□ 218
schenken
贈る

□ 219
schicken
送る

□ 220
schließen
閉める

□ 221
schneiden
切る

□ 222
schreiben
書く

□ 223
schwimmen
泳ぐ

□ 224
singen
歌う

Quick Review

□ lieben □ liegen □ machen □ mieten
□ öffnen □ putzen □ regnen □ reservieren

CHECK-3

Ich sage dir "Guten Tag!"

私は君に「こんにちは！」と言います。

Er schenkt mir eine Uhr.

彼は私に時計を一つ贈ります。

Ich schicke meiner Tante einen Brief.

私は（私の）おばに手紙を送ります。

Ich schließe die Augen.

私は目を閉じます。

Ich schneide Zwiebeln.

私はタマネギを切ります。

Ich schreibe eine Postkarte.

私ははがきを１枚書きます。

Ich schwimme gut.

私は上手に泳ぎます。

Sie singt schlecht.

彼女は歌うのが下手です。

- ☐ 愛する
- ☐ 開ける
- ☐（横に）置いてある
- ☐ 掃除する、きれいにする
- ☐ する、作る
- ☐ 雨が降る
- ☐（有料で）借りる
- ☐ 予約する

CHECK-1 ► CHECK-2 ◄ 29 ►

□ 225
sitzen
座っている

□ 226
spielen
遊ぶ、～をする
＊（子どもが）遊ぶ、（楽器の演奏、球技）をする

□ 227
stehen
立っている

□ 228
stellen
立てる、立てて置く

□ 229
studieren
大学で学ぶ

□ 230
suchen
探す

□ 231
tanzen
踊る

□ 232
trinken
飲む

Quick Review

□ sagen □ schenken □ schicken □ schließen
□ schneiden □ schreiben □ schwimmen □ singen

CHECK-3

Ich sitze auf dem Sofa.

私はソファーの上に座っています。

Ich spiele Tennis.

私はテニスをします。

Ich stehe vor dem Haus.

私は家の前に立っています。

Ich stelle ein Glas auf den Tisch.

私はグラスを一つテーブルの上に置きます。

Ich studiere Medizin.

私は医学を学んでいます。

Ich suche eine Wohnung.

私はアパートを探しています。

Ich tanze Tango.

私はタンゴを踊ります。

Ich trinke gern Kaffee.

私はコーヒーを飲むのが好きです。

□ 言う	□ 贈る	□ 送る	□ 閉める
□ 切る	□ 書く	□ 泳ぐ	□ 歌う

名詞 動詞 形容詞 副詞 前置詞など

CHECK-1 ► CHECK-2 ◄ 30 ►

□ 233 üben	練習する
□ 234 verkaufen	売る
□ 235 verstehen	理解する
□ 236 warten	待つ
□ 237 weinen	泣く
□ 238 wohnen	住む
□ 239 wünschen	願う
□ 240 zahlen	支払う

Quick Review

□ sitzen □ spielen □ stehen □ stellen
□ studieren □ suchen □ tanzen □ trinken

CHECK-3

Ich übe Klavier.

私はピアノを練習しています。

Ich verkaufe mein Auto.

私は私の車を売ります。

Ich verstehe es nicht.

私はそれは理解できません。

Ich warte auf den Bus.

私はバスを待っています。

Ich weine nicht.

私は泣きません。

Ich wohne in Berlin.

私はベルリンに住んでいます。

Ich wünsche dir ein schönes Wochenende!

よい週末を！（君が素敵な週末を過ごせることを願っています！）

Ich zahle 20 Euro.

私は 20 ユーロ払います。

- □ 座っている
- □ 遊ぶ、～をする
- □ 立っている
- □ 立てる、立てて置く
- □ 大学で学ぶ
- □ 探す
- □ 踊る
- □ 飲む

CHECK-1 ▶ CHECK-2 ◀ 31 ▶

□ 241
zeigen
見せる

□ 242
ziehen
引く

□ 243
ändern
変える

□ 244
erzählen
物語る

□ 245
rauchen
タバコを吸う

□ 246
reisen
旅行する

□ 247
schneien
雪が降る

□ 248
tun
する

Quick Review

□ üben	□ verkaufen	□ verstehen	□ warten
□ weinen	□ wohnen	□ wünschen	□ zahlen

Check-3

Ich zeige dem Mann meinen Reisepass.

私はその男性に（私の）パスポートを見せます。

Ich ziehe die Bremse.

私はブレーキを引きます。

Ich ändere meinen Plan.

私は（私の）計画を変えます。

Ich erzähle eine Geschichte.

私は物語を話して聞かせます。

Ich rauche nicht.

私はタバコを吸いません。

Ich reise gern.

私は旅行するのが好きです。

Es schneit.

雪が降っています。

Es tut mir leid.

ごめんなさい。（決まり文句）

□ 練習する □ 泣く

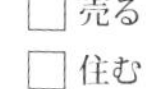

□ 売る □ 住む

□ 理解する □ 願う

□ 待つ □ 支払う

□ 249
fahren
不規則－1 【P. 90 参照】
（乗り物で）行く

□ 250
fallen
不－1
落ちる

□ 251
gefallen
不－1
気に入る

□ 252
laufen
不－1
走る

□ 253
schlafen
不－1
眠る

□ 254
schlagen
不－1
叩く

□ 255
tragen
不－1
身に着けている、持ち運ぶ

□ 256
waschen
不－1
洗う

Quick Review

□ zeigen □ ziehen □ ändern □ erzählen
□ rauchen □ reisen □ schneien □ tun

Check-3

Ich fahre nach Berlin.

私は（乗り物で）ベルリンに行きます。

Das Glas fällt vom Tisch.

そのグラスがテーブルから落ちます。

Der Rock gefällt mir.

私はこのスカートが気に入ってます。

Ich laufe schnell.

私は速く走ります。

Ich schlafe immer lange.

私はいつも長時間眠ります。

Ich schlage den Ball.

私はそのボールを叩きます。

Ich trage eine Brille.

私はめがねをかけています。

Ich wasche mein Auto.

私は（私の）車を洗います。

Quick Review

- □ 見せる
- □ タバコを吸う 
- □ 引く 
- □ 旅行する 
- □ 変える 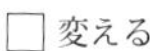
- □ 雪が降る 
- □ 物語る
- □ する

Check-1 ▶ Check-2 ◀ 33 ▶

□ 257
fangen
不－1

捕まえる

□ 258
essen
不規則－2 【P. 90 参照】

食べる

□ 259
geben
不－2

与える

□ 260
helfen
不－2

助ける、手伝う

□ 261
nehmen
不－2

取る

□ 262
sprechen
不－2

話す

□ 263
sterben
不－2

死ぬ

□ 264
treffen
不－2

会う

Quick Review

□ fahren □ fallen □ gefallen □ laufen
□ schlafen □ schlagen □ tragen □ waschen

CHECK-3

Ich fange den Ball.

私は（その）ボールをキャッチします。

Ich esse gern Obst.

私は果物を食べるのが好きです。

Ich gebe meinem Freund ein Buch.

私は（私の）友人（男）に本を 1 冊あげます。

Ich helfe dir.

私は君を手伝うよ。

Ich nehme ein Stück Kuchen.

私はケーキにします（を頼みます）。

Ich spreche Deutsch.

私はドイツ語を話します。

Der Wald stirbt.

その森は死んでいます。

Ich treffe meine Freunde.

私は（私の）友人に会います。

Quick Review

- □（乗り物で）行く
- □ 眠る
- □ 落ちる
- □ 叩く
- □ 気に入る
- □ 身に着けている、持ち運ぶ
- □ 走る
- □ 洗う

CHECK-1 ▶ CHECK-2 ◀ 34 ▶

□ 265
vergessen
不－2

忘れる

□ 266
versprechen
不－2

約束する

□ 267
werfen
不－2

投げる

□ 268
lesen
不規則－3 【P. 90 参照】

読む

□ 269
sehen
不－3

見る

□ 270
haben
不規則－4 【P. 90 参照】

持っている

□ 271
sein
不規則－5 【P. 90 参照】

（～で）ある、いる

□ 272
wissen
不規則－6 【P. 90 参照】

知っている

Quick Review

□ fangen □ essen □ geben □ helfen
□ nehmen □ sprechen □ sterben □ treffen

Check-3

Ich vergesse schnell.

私はすぐに忘れてしまいます。

Ich verspreche es dir.

約束するよ。

Ich werfe den Ball.

私は（その）ボールを投げます。

Ich lese nicht so gern Zeitung.

私は新聞を読むのがあまり好きではありません。

Ich sehe gern Fußballspiele.

私はサッカーの試合を見るのが好きです。

Ich habe ein Auto.

私は車を1台持っています。

Ich bin Japaner/Japanerin.

私は日本人男性 / 日本人女性です。

Ich weiß es nicht.

私は知りません。（分かりません。）

- □ 捕まえる
- □ 取る
- □ 食べる
- □ 話す
- □ 与える
- □ 死ぬ
- □ 助ける、手伝う
- □ 会う

CHECK-1 ▶ CHECK-2 ◀ 35 ▶

□ 273 ab|fahren	出発する
□ 274 an|kommen	到着する
□ 275 um|steigen	乗り換える
□ 276 ein|steigen	乗り込む
□ 277 aus|steigen	降りる
□ 278 ab|holen	受け取りにいく、迎えにいく
□ 279 auf|stehen	起きる、立ち上がる
□ 280 ein|kaufen	買い物をする

Quick Review

□ vergessen	□ versprechen	□ werfen	□ lesen
□ sehen	□ haben	□ sein	□ wissen

CHECK-3

Ich fahre morgen ab.

私は明日出発します。

Der Zug kommt gleich an.

その列車は間もなく到着します。

Wir steigen in Frankfurt um.

私たちはフランクフルトで乗り換えます。

Ich steige in den Zug ein.

私は列車に乗ります。

Ich steige in München aus.

私はミュンヘンで降ります。

Ich hole dich ab.

私が君を迎えに行くよ。

Ich stehe um 7 Uhr auf.

私は 7 時に起きます。

Ich kaufe ein.

私は買い物をします。

Quick Review

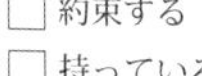

- [ ] 忘れる
- [ ] 約束する
- [ ] 投げる
- [ ] 読む
- [ ] 見る
- [ ] 持っている
- [ ] (〜で) ある、いる
- [ ] 知っている

CHECK-1 ▶ CHECK-2 ◀ 36 ▶

□ 281
fern|sehen
テレビを見る

□ 282
ein|laden
招待する

□ 283
an|rufen
電話をかける

□ 284
vor|stellen
紹介する

□ 285
an|fangen
始める、始まる

□ 286
auf|hören
終わる、終える

□ 287
kennen|lernen
知り合いになる

□ 288
spazieren gehen
散歩する

Quick Review

□ abfahren □ ankommen □ umsteigen □ einsteigen
□ aussteigen □ abholen □ aufstehen □ einkaufen

CHECK-3

Ich sehe selten fern.

私はめったにテレビを見ません。

Ich lade euch ein.

私は君たちを招待します。

Ich rufe dich später an.

私は君にあとで電話をかけます。

Ich stelle mich vor.

私は自己紹介をします。

Ich fange mit der Arbeit an.

私は仕事を始めます。

Der Regen hört gleich auf.

雨はもうすぐやみます。

Ich möchte viele Leute kennenlernen.

私はたくさんの人と知り合いになりたいです。

Ich gehe spazieren.

私は散歩します。

- □ 出発する
- □ 到着する 
- □ 乗り換える 
- □ 乗り込む
- □ 降りる
- □ 受け取りにいく、迎えにいく
- □ 起きる、立ち上がる
- □ 買い物をする

CHECK-1 ▶ CHECK-2 ◀ 37 ▶

□ 289
können ～できる

□ 290
müssen ～しなければならない

□ 291
dürfen ～してもよい

□ 292
sollen ～すべきだ

□ 293
möchten ～したい

□ 294
wollen ～するつもりだ

□ 295
werden ～になる

□ 296
mögen ～かもしれない

Quick Review

□ fernsehen □ einladen □ anrufen □ vorstellen
□ anfangen □ aufhören □ kennenlernen □ spazieren gehen

CHECK-3

Ich kann Deutsch sprechen.

私はドイツ語が話せます。

Ich muss morgen arbeiten.

私は明日、働かなければなりません。

Darf ich den Stift benutzen?

そのペンを使ってもいいですか？

Was soll ich machen?

私はどうすべきなのでしょうか？

Ich möchte Kaffee trinken.

私はコーヒーが飲みたいです。

Ich will morgen meine Tante besuchen.

私は明日、おばを訪ねるつもりです。

Er wird* bald kommen.
彼はまもなく来るでしょう。

*「werden ～になる」は、助動詞として「～でしょう」を表す。

Er mag etwa 20 Jahre alt sein.

彼は 20 歳くらいだろうか。

Quick Review

- □ テレビを見る
- □ 招待する
- □ 電話をかける
- □ 紹介する
- □ 始める、始まる
- □ 終わる、終える
- □ 知り合いになる
- □ 散歩する

付録（III）動詞活用表

1＿規則動詞

ich komme	wir kommen
du kommst	ihr kommt
er kommt	sie kommen

2＿不規則動詞 -1

a	→	ä
ich fahre	du fährst	er fährt

3＿不規則動詞 -2

e	→	i
ich spreche	du sprichst	er spricht

4＿不規則動詞 -3

e	→	ie
ich sehe	du siehst	er sieht

5＿不規則動詞 -4（haben）

68

ich habe	wir haben
du hast	ihr habt
er hat	sie haben

6＿不規則動詞 -5（sein）

69

ich bin	wir sind
du bist	ihr seid
er ist	sie sind

7＿不規則動詞 -6（wissen）

70

ich weiß	wir wissen
du weißt	ihr wisst
er weiß	sie wissen

形容詞・副詞

＊数字は、音声のトラック番号です

CHECK-1 ▶ CHECK-2 ◀ 38 ▶

□ 297 **alt**	古い、年を取った 反 neu, jung
□ 298 **arm**	貧しい 反 reich
□ 299 **billig**	（値段が）安い 反 teuer
□ 300 **dick**	厚い、太った 反 dünn
□ 301 **dumm**	バカな 反 klug
□ 302 **dunkel**	暗い 反 hell
□ 303 **dünn**	薄い、やせた 反 dick
□ 304 **einfach**	簡単な 反 schwierig

Quick Review 【P. 118】

□ selten	□ so	□ später	□ ungefähr
□ vielleicht	□ wieder	□ wirklich	□ zusammen

CHECK-3

Die Tasche ist alt.

そのかばんは古いです。

Er ist arm.

彼は貧乏です。

Der Computer ist billig.

そのコンピューターは安いです。

Mein Bruder ist dick.

私の兄（弟）は太っています。

Er ist nicht dumm.

彼はバカではありません。

Das Zimmer ist dunkel.

その部屋は暗いです。

Meine Schwester ist dünn.

私の姉（妹）はやせています。

Die Prüfung ist einfach.

その試験は簡単です。

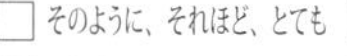

□ まれに　□ そのように、それほど、とても　□ 後で　□ およそ
□ ひょっとしたら　□ 再び　□ 本当に　□ 一緒に

CHECK-1 ▶ CHECK-2 ◀ 39 ▶

□ 305 **eng**	（幅が）狭い
□ 306 **falsch**	間違った 反 richtig
□ 307 **faul**	怠惰な 反 fleißig
□ 308 **fleißig**	勤勉な 反 faul
□ 309 **freundlich**	親切な
□ 310 **frisch**	新鮮な
□ 311 **gesund**	健康な 反 krank
□ 312 **glücklich**	幸福な

Quick Review

□ alt	□ arm	□ billig	□ dick
□ dumm	□ dunkel	□ dünn	□ einfach

CHECK-3

Die Straße ist eng.

その道路は狭いです。

Die Antwort ist falsch.

その答えは間違っています。

Er ist manchmal faul.

彼は時々怠け者です。

Deutsche sind fleißig.

ドイツ人は勤勉です。

Die Lehrerin ist freundlich.

その（女性の）先生は親切です。

Der Fisch ist frisch.

その魚は新鮮です。

Meine Großmutter ist sehr gesund.

私の祖母はとても健康です。

Wir sind glücklich.

私たちは幸せです。

Quick Review

- [ ] 古い、年を取った
- [ ] 貧しい
- [ ] （値段が）安い
- [ ] 厚い、太った
- [ ] バカな
- [ ] 暗い
- [ ] 薄い、やせた
- [ ] 簡単な

CHECK-1 ► CHECK-2 ◄ 40 ►

□ 313 **groß**	大きい 反 klein
□ 314 **gut**	良い 反 schlecht
□ 315 **heiß**	暑い、熱い 反 kalt
□ 316 **hoch**	高い
□ 317 **interessant**	面白い、興味深い
□ 318 **jung**	若い 反 alt
□ 319 **kalt**	冷たい、寒い 反 heiß, warm
□ 320 **kaputt**	壊れている

Quick Review

□ eng □ falsch □ faul □ fleißig
□ freundlich □ frisch □ gesund □ glücklich

CHECK-3

Die Wohnung ist groß.

その住まいは大きいです。

Das Essen ist gut.

その料理はおいしいです。

Es ist sehr heiß heute.

今日はとても暑いです。

Der Berg ist hoch.

その山は高いです。

Der Film ist interessant.

その映画は面白いです。

Du bist noch jung.

君はまだ若いよ。

Das Essen wird kalt.

食事が冷めますよ。

Der Computer ist kaputt.

そのコンピューターは壊れています。

Quick Review

- □（幅が）狭い
- □親切な
- □間違った
- □新鮮な
- □怠惰な
- □健康な
- □勤勉な
- □幸福な

CHECK-1 ► CHECK-2 41

□ 321 **klein**	小さい 反 groß
□ 322 **klug**	賢い 反 dumm
□ 323 **krank**	病気の 反 gesund
□ 324 **kurz**	短い 反 lang
□ 325 **lang**	長い 反 kurz
□ 326 **laut**	（音や声が）大きい 反 leise
□ 327 **lecker**	おいしい
□ 328 **leicht**	軽い、易しい 反 schwer

Quick Review

□ groß □ gut □ heiß □ hoch
□ interessant □ jung □ kalt □ kaputt

CHECK-3

Die Jeans ist mir zu klein.

そのジーンズは私には小さすぎます。

Meine Freundin ist klug.

私の（女性の）友人は賢いです。

Die Katze ist krank.

その猫は病気です。

Der Rock ist kurz.

そのスカートは短いです。

Sie hat lange Haare.

彼女の髪の毛は長いです。

Die Musik ist laut.

（その）音楽がうるさいです。

Der Wein ist lecker!

そのワインはおいしい！

Die Jacke ist sehr leicht.

そのジャケットはとても軽いです。

Quick Review

- ☐ 大きい
- ☐ 面白い、興味深い
- ☐ 良い
- ☐ 若い
- ☐ 暑い、熱い
- ☐ 冷たい、寒い
- ☐ 高い
- ☐ 壊れている

CHECK-1 ► CHECK-2 ◄ 42 ►

□ 329 **müde**	疲れた、眠い
□ 330 **nett**	親切な
□ 331 **neu**	新しい 反 alt
□ 332 **reich**	金持ちの、裕福な 反 arm
□ 333 **richtig**	正しい 反 falsch
□ 334 **ruhig**	静かな
□ 335 **satt**	満腹の
□ 336 **sauber**	清潔な 反 schmutzig

Quick Review

□ klein □ klug □ krank □ kurz
□ lang □ laut □ lecker □ leicht

CHECK-3

Ich bin schon müde.

私はもう疲れています。

Er ist sehr nett.

彼はとても親切です。

Mein Handy ist neu.

私の携帯は新しいです。

Die Familie ist sehr reich.

その家族はとても裕福です。

Die Antwort ist richtig.

その答えは正しいです。

Das Kind ist ruhig.

その子どもはおとなしいです。

Ich bin satt.

私は満腹です。

Die Wohnung ist sauber.

その住まいは清潔です。

- ☐ 小さい
- ☐ 長い
- ☐ 賢い
- ☐ （音や声が）大きい
- ☐ 病気の
- ☐ おいしい
- ☐ 短い
- ☐ 軽い、易しい

Check-1 ▶ Check-2 ◀ 43 ▶

□ 337
schade
残念な

□ 338
schlank
すらりとした、スリムな

□ 339
schlecht
悪い
反 gut

□ 340
schmutzig
汚い、不潔な
反 sauber

□ 341
schnell
速い
反 langsam

□ 342
schön
美しい

□ 343
schwer
重い
反 leicht

□ 344
schwierig
難しい
反 einfach

Quick Review

□ müde □ nett □ neu □ reich
□ richtig □ ruhig □ satt □ sauber

CHECK-3

Das ist sehr schade.

それはとても残念です。

Sie ist schlank.

彼女はスリムです。

Die Qualität ist schlecht.

品質が悪いです。

Das Zimmer ist schmutzig.

その部屋は汚いです。

Das Auto ist schnell.

その車は速いです。

Blumen sind schön.

花は美しいです。

Der Tisch ist schwer.

そのテーブルは重いです。

Der Test ist schwierig.

そのテストは難しいです。

Quick Review

- [ ] 疲れた、眠い
- [ ] 正しい
- [ ] 親切な
- [ ] 静かな
- [ ] 新しい
- [ ] 満腹の
- [ ] 金持ちの、裕福な
- [ ] 清潔な

CHECK-1 ▶ CHECK-2 44

□ 345
stark
強い
反 schwach

□ 346
süß
甘い、可愛い

□ 347
teuer
（値段が）高い
反 billig

□ 348
tief
深い

□ 349
viel
多くの
反 wenig

□ 350
warm
暖かい、温かい
反 kalt

□ 351
wenig
少しの
反 viel

□ 352
wichtig
重要な

Quick Review

□ schade □ schlank □ schlecht □ schmutzig
□ schnell □ schön □ schwer □ schwierig

CHECK-3

Löwen sind stark.

ライオンは強いです。

Der Saft ist süß. そのジュースは甘いです。

Das Baby ist süß. その赤ちゃんは可愛いです。

Die Uhr ist sehr teuer.

その時計はとても高いです。

Das Meer ist tief.

海は深いです。

Das ist zu viel!

それは多すぎます！

Es ist immer warm in Okinawa.

沖縄はいつも暖かいです。

Ich habe wenig Zeit.

私は少しの時間しかありません。

Die Gesundheit ist wichtig.

健康は大切です。

Quick Review

☐ 残念な ☐ すらりとした、スリムな ☐ 悪い ☐ 汚い、不潔な
☐ 速い ☐ 美しい ☐ 重い ☐ 難しい

CHECK-1 ▶ CHECK-2 ◀ 45 ▶

□ 353 **bekannt**	有名な、よく知られている
□ 354 **beide**	両方の
□ 355 **halb**	半分の
□ 356 **früh**	早い
□ 357 **hell**	明るい 反 dunkel
□ 358 **klar**	はっきりした、澄んだ
□ 359 **recht**	正しい、適切な
□ 360 **schwach**	弱い 反 stark

Quick Review

□ stark	□ süß	□ teuer	□ tief
□ viel	□ warm	□ wenig	□ wichtig

CHECK-3

Das Hotel ist bekannt.

そのホテルは有名です。

Beide Schuhe sind kaputt.

両方のくつとも壊れている。

Es ist halb eins.

12 時半です。

Es ist noch früh.

まだ早いです。

Das Zimmer ist hell.

その部屋は明るいです。

Alles klar!

分かりました！

Ganz recht!

その通り！

Er ist alt und schwach.

彼は年老いて、弱くなっています。

Quick Review

- ☐ 強い
- ☐ 多くの
- ☐ 甘い、可愛い
- ☐ 暖かい、温かい
- ☐（値段が）高い
- ☐ 少しの
- ☐ 深い
- ☐ 重要な

CHECK-1 ▶ CHECK-2 ◀ 46 ▶

□ 361
voll
いっぱいの、満ちた

□ 362
weit
遠い、広い

□ 363
blau
青い

□ 364
gelb
黄色い

□ 365
grün
緑の

□ 366
rot
赤い

□ 367
schwarz
黒い

□ 368
weiß
白い

Quick Review

□ bekannt	□ beide	□ halb	□ früh
□ hell	□ klar	□ recht	□ schwach

CHECK-3

Ich habe die Nase voll.

もううんざりだ。（決まり文句）

Er wohnt nicht weit weg.

彼はそう遠くには住んでいません。

Der Himmel ist blau.

空は青いです。

Sein Auto ist gelb.

彼の車は黄色いです。

Die Bäume sind grün.

木々は緑です。

Seine Augen sind rot.

彼の目は赤いです。

Ihre Haare sind schwarz.

彼女の髪の毛は黒いです。

Schnee ist weiß.

雪は白いです。

□ 有名な、よく知られている	□ 両方の	□ 半分の	□ 早い
□ 明るい	□ はっきりした、澄んだ	□ 正しい、適切な	□ 弱い

CHECK-1 ▶ CHECK-2 ◀ 47 ▶

□ 369
leise | 小声で、静かに
反 laut

□ 370
pünktlich | 時間通りに

□ 371
anders | 別の、異なって

□ 372
auch | ～もまた

□ 373
bald | 間もなく

□ 374
da | そこに

□ 375
doch | やはり、～だよ

□ 376
dort | そこに、そこで

Quick Review
□ voll □ weit □ blau □ gelb
□ grün □ rot □ schwarz □ weiß

CHECK-3

Sie spricht leise.

彼女は小声で話します。

Ich bin immer pünktlich.

私はいつも時間を守ります。

Mein Bruder ist ganz anders als ich.

私の兄（弟）は私とまったく違います。

Er kommt auch.

彼も来ます。

Der Zug kommt bald.

その列車はもうすぐ来ます。

Da wohnt meine Freundin.

そこに私の友人（女性）が住んでいます。

Du hast doch recht.

やっぱり君が正しいね。

Dort liegt ein Stift.

そこにペンが 1 本あります。

Quick Review

- [ ] いっぱいの、満ちた
- [ ] 遠い、広い
- [ ] 青い
- [ ] 黄色い
- [ ] 緑の
- [ ] 赤い
- [ ] 黒い
- [ ] 白い

CHECK-1 ▶ CHECK-2 ◀ 48 ▶

□ 377
einmal 一度、いつか

□ 378
ganz まったく

□ 379
genug 十分に

□ 380
gerade ちょうど、まっすぐ

□ 381
gern 好んで、喜んで

□ 382
gleich すぐに

□ 383
heute 今日

□ 384
hier ここに

Quick Review

□ leise	□ pünktlich	□ anders	□ auch
□ bald	□ da	□ doch	□ dort

CHECK-3

Bitte sagen Sie es noch einmal.

もう一度言ってください。

Das ist ganz neu.

それはとても新しいです。

Ich habe genug Zeit.

私は十分に時間があります。

Es ist gerade 8 Uhr.

ちょうど8時です。

Ich höre gern Musik.

私は音楽を聴くのが好きです。

Ich komme gleich.

すぐ行きます。

Heute habe ich Zeit.

今日、私は時間があります。

Ich wohne hier.

私はここに住んでいます。

Quick Review

- □ 小声で、静かに
- □ 間もなく
- □ 時間通りに
- □ そこに
- □ 別の、異なって
- □ やはり、～だよ
- □ ～もまた
- □ そこに、そこで

CHECK-1 ▶ CHECK-2 ◀ 49 ▶

□ 385
immer
いつも

□ 386
jetzt
今

□ 387
langsam
遅い、ゆっくりと

□ 388
leider
残念ながら

□ 389
lieber
より好んで

□ 390
links
左に

□ 391
mehr
より多くの

□ 392
morgen
明日

Quick Review

□ einmal □ ganz □ genug □ gerade
□ gern □ gleich □ heute □ hier

CHECK-3

Ich höre immer Musik.

私はいつも音楽を聴いています。

Ich wohne jetzt in Berlin.

私は今、ベルリンに住んでいます。

Bitte sprechen Sie langsam.

ゆっくり話してください。

Leider kann ich nicht kommen.

残念ながら私は来られません。

Ich trinke lieber Wein als Bier.

私はビールよりワインの方が好きです。

Gehen Sie nach links.

左へ行ってください。

Ich brauche mehr Zeit.

私はもっと時間が必要です。

Morgen besuche ich meine Tante.

明日、私はおばを訪ねます。

- [ ] 一度、いつか
- [ ] 好んで、喜んで
- [ ] まったく
- [ ] すぐに
- [ ] 十分に
- [ ] 今日
- [ ] ちょうど、まっすぐ
- [ ] ここに

名詞 動詞 形容詞 副詞 前置詞など

CHECK-1 ▶ CHECK-2 ◀ 50 ▶

□ 393 natürlich	当然、もちろん
□ 394 nicht	～ない
□ 395 noch	まだ
□ 396 nur	ただ、～だけ
□ 397 oft	しばしば
□ 398 rechts	右に
□ 399 schon	もう、すでに
□ 400 sehr	とても

Quick Review

□ immer □ jetzt □ langsam □ leider
□ lieber □ links □ mehr □ morgen

CHECK-3

Natürlich komme ich mit!

もちろん私も一緒に行きます！

Ich esse nicht gern Käse.

私はチーズを食べるのが好きではありません。

Sie ist noch klein.

彼女はまだ小さいです。

Ich trinke nur Wasser.

私は水しか飲みません。

Ich gehe oft ins Kino.

私はよく映画を見に行きます。

Gehen Sie nach rechts.

右に行ってください。

Es ist schon 20 Uhr.

もう20時です。

Deutsch ist sehr einfach!

ドイツ語はとても簡単です！

Quick Review

- ☐ いつも
- ☐ より好んで
- ☐ 今
- ☐ 左に
- ☐ 遅い、ゆっくりと
- ☐ より多くの
- ☐ 残念ながら
- ☐ 明日

CHECK-1 ▶ CHECK-2 ◀ 51 ▶

□ 401 **selten**	まれに
□ 402 **so**	そのように、それほど、とても
□ 403 **später**	後で
□ 404 **ungefähr**	およそ
□ 405 **vielleicht**	ひょっとしたら
□ 406 **wieder**	再び
□ 407 **wirklich**	本当に
□ 408 **zusammen**	一緒に

Quick Review

□ natürlich	□ nicht	□ noch	□ nur
□ oft	□ rechts	□ schon	□ sehr

Check-3

Ich trinke selten Tee.

私はめったにお茶を飲みません。

Ich bin so glücklich!

私はとても幸せです！

Ich komme später.

私は後から来ます。

Er ist ungefähr 30 Jahre alt.

彼はだいたい 30 歳くらいです。

Vielleicht kommt er morgen.

ひょっとしたら彼は明日来るかもしれません。

Kommen Sie bitte wieder!

また来てください！

Wirklich?

本当に？

Wir arbeiten zusammen.

私たちは一緒に仕事をします。

Quick Review

- □ 当然、もちろん
- □ しばしば
- □ ～ない
- □ 右に
- □ まだ
- □ もう、すでに
- □ ただ、～だけ
- □ とても

付録（IV）数の数え方

71

0	null	13	dreizehn
1	eins	14	vierzehn
2	zwei	15	fünfzehn
3	drei	16	sechzehn
4	vier	17	siebzehn
5	fünf	18	achtzehn
6	sechs	19	neunzehn
7	sieben		
8	acht		
9	neun		
10	zehn		
11	elf		
12	zwölf		

20	zwanzig	21	einundzwanzig
30	dreißig	22	zweiundzwanzig
40	vierzig	23	dreiundzwanzig
50	fünfzig	24	vierundzwanzig
60	sechzig	25	fünfundzwanzig
70	siebzig	26	sechsundzwanzig
80	achtzig	27	siebenundzwanzig
90	neunzig	28	achtundzwanzig
		29	neunundzwanzig

100	(ein)hundert
1000	(ein)tausend
10 000	zehntausend
100 000	hunderttausend
1000 000	eine Million

・0から12までは覚えてしまいましょう。

・21以上の数は一の位が0以外の場合、一の位＋ und ＋十の位となります。
43 = 3+40 (dreiundvierzig)

ユーロ	Euro
セント	Cent　1 Euro=100 Cent
35ユーロ	fünfunddreißig Euro
60セント	sechzig Cent
72.45ユーロ	
zweiundsiebzig Euro fünfundvierzig Cent	
zweiundsiebzig Euro fünfundvierzig	

年号

1972	neunzehnhundertzweiundsiebzig
2007	zweitausendsieben

11＊＊年から19＊＊年までは、前半と後半を二桁の数字と同じに読み、間にhundertを入れます。

前置詞など

第8週 --------

□ 3日目　52

□ 4日目　53

□ 5日目　54

□ 6日目　55

□ 7日目　56

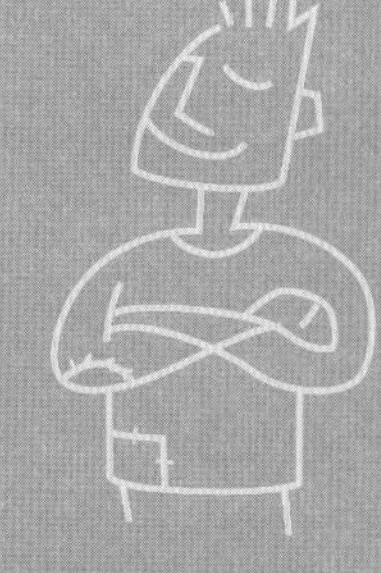

付録（V）年月日　72 — 74

＊数字は、音声のトラック番号です

CHECK-1 ▶ CHECK-2 ◀52▶

名詞 動詞 形容詞 副詞 前置詞

□ 409 an	接して
□ 410 auf	～の上で、～の上へ
□ 411 aus	～の中から、～の出身の
□ 412 bei	～のもとで、～のところで
□ 413 für	～のために
□ 414 hinter	～の後ろで、～の後ろに
□ 415 in	～の中に、～の中へ
□ 416 mit	～と一緒に、～で

Quick Review 【P. 124】

□ nach	□ neben	□ über	□ unter
□ vor	□ zwischen	□ ohne	□ zu

CHECK-3

Die Uhr hängt an der Wand.

その時計は壁に掛かっています。

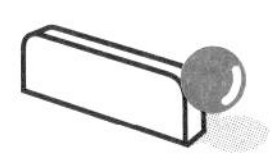

Der Computer steht auf dem Tisch.

そのコンピューターはテーブルの上にあります。

Ich komme aus Japan.

私は日本から来ました。

Ich wohne bei meinen Eltern.

私は両親のところに住んでいます。

Das Geschenk ist für Sie.

そのプレゼントはあなたへのものです。

Hinter dem Bahnhof gibt es eine Post.

駅の後ろに郵便局があります。

Ich wohne in Berlin.

私はベルリンに住んでいます。

Ich gehe mit dir.

私は君と一緒に行きます。

Quick Review

☐ ～の方に、～の後で ☐ ～の横で、～の横へ ☐ ～の上方に、～の上方へ ☐ ～の下で、～の下へ
☐ ～の前に、～の前へ ☐ ～の間に、～の間へ ☐ ～なしで ☐ ～へ

CHECK-1 ▶ CHECK-2 ◀ 53 ▶

□ 417
nach
～の方に、～の後で

□ 418
neben
～の横で、～の横へ

□ 419
über
～の上方に、～の上方へ、～を越えて

□ 420
unter
～の下で、～の下へ

□ 421
vor
～の前に、～の前へ

□ 422
zwischen
～の間に、～の間へ

□ 423
ohne
～なしで

□ 424
zu
～へ

Quick Review

□ an	□ auf	□ aus	□ bei
□ für	□ hinter	□ in	□ mit

CHECK-3

Nach dem Unterricht fahre ich nach Yokohama.

私は授業の後、横浜へ行きます。

Neben dem Krankenhaus ist die Bäckerei.

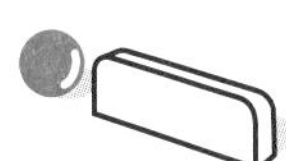

病院の横はパン屋です。

Über dem Sofa hängt eine Lampe.

ソファーの上にライトが掛かっています。

Die Katze schläft unter dem Tisch.

その猫はテーブルの下で眠っています。

Das Taxi steht vor der Tür.

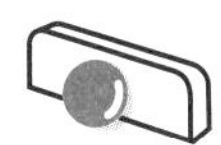

（その）タクシーが扉の前に（外に）います。

Mein Haus ist zwischen dem Kino und der Oper.

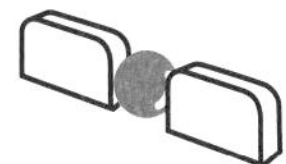

私の家は映画館とオペラ座の間にあります。

Ich trinke Kaffee ohne Milch.

私はミルクなしでコーヒーを飲みます。

Ich gehe jetzt zum Bahnhof.

私は今、駅へ行くところです。

Quick Review

- [ ] 接して
- [ ] ～のために
- [ ] ～の上で、～の上へ
- [ ] ～の後ろで、～の後ろに
- [ ] ～の中から、～の出身の
- [ ] ～の中に、～の中へ
- [ ] ～のもとで、～のところで
- [ ] ～と一緒に、～で

CHECK-1 ▶ CHECK-2 ◀ 54 ▶

□ 425 **wann**	いつ
□ 426 **warum**	なぜ
□ 427 **was**	何
□ 428 **wer**	だれ
□ 429 **wie**	どのように
□ 430 **wo**	どこに
□ 431 **woher**	どこから
□ 432 **wohin**	どこへ

CHECK-3

Wann hast du Geburtstag?

君の誕生日はいつですか？

Warum kommst du morgen nicht?

なぜ君は明日来ないの？

Was ist das?

これは何ですか？

Wer ist die Frau?

あの女性はどなた？

Wie heißt das auf Deutsch?

これはドイツ語で何というのですか？

Wo wohnst du?

君はどこに住んでいるの？

Woher kommst du?

君はどこの出身なの？

Wohin fährst du?

君はどこへ行くの？

CHECK-1 ► CHECK-2 ◄ 55 ►

☐ 433
aber
しかし

☐ 434
da
〜だから

☐ 435
dass
〜ということ

☐ 436
denn
というのは

☐ 437
obwohl
〜にもかかわらず

☐ 438
oder
または

☐ 439
und
〜と〜、そして

☐ 440
weil
〜だから

Quick Review

☐ wann	☐ warum	☐ was	☐ wer
☐ wie	☐ wo	☐ woher	☐ wohin

CHECK-3

Ich bin arm, aber glücklich.

私は貧しいですが、でも幸せです。

Da er krank ist, kommt er nicht.

彼は病気なので来ません。

Es ist gut, dass du kommst.

君が来るのはいいことです。

Er kommt nicht, denn er ist krank.

彼は来ません。というのは彼は病気だからです。

Obwohl es regnet, spiele ich Tennis.

雨が降っているにもかかわらず、私はテニスをします。

Trinkst du Bier oder Wein?

ビールを飲む、それともワイン？

Mein Bruder und ich trinken gern Kaffee.

兄（弟）と私はコーヒーを飲むのが好きです。

Er kommt nicht, weil er krank ist.

彼は病気です。だから来ません。

☐ いつ ☐ なぜ ☐ 何 ☐ だれ
☐ どのように ☐ どこに ☐ どこから ☐ どこへ

CHECK-1 ▶ CHECK-2 CHECK-3 56

□ 441
Guten Morgen. おはようございます。

□ 442
Guten Tag. こんにちは。

□ 443
Guten Abend. こんばんは。

□ 444
Gute Nacht. おやすみなさい。

□ 445
Auf Wiedersehen. さようなら。

□ 446
Tschüs. バイバイ。

□ 447
Danke schön. ありがとうございます。

□ 448
Bitte schön. どういたしまして。

Quick Review
□ aber □ da □ dass □ denn
□ obwohl □ oder □ und □ weil

CHECK-1 ▶ CHECK-2　　CHECK-3

□ 449
Entschuldigung.　すみません。

□ 450
Wie geht es Ihnen?　ご機嫌いかがですか？

□ 451
Wie geht's dir?　元気？

□ 452
Ja.　はい。

□ 453
Nein.　いいえ。

□ 454
Bitte.　どうぞ。

□ 455
Viel Glück.　幸運を祈ります。

□ 456
Schönes Wochenende.　よい週末を。

Quick Review

□ しかし　□ ～だから　□ ～ということ　□ というのは
□ ～にもかかわらず　□ または　□ ～と～、そして　□ ～だから

付録（V）年月日

72

□001	Jahr	年	□008	Montag	月曜日
□002	Monat	月	□009	Dienstag	火曜日
□003	Woche	週	□010	Mittwoch	水曜日
□004	Tag	日	□011	Donnerstag	木曜日
□005	Stunde	時間	□012	Freitag	金曜日
□006	Minute	分	□013	Samstag	土曜日
□007	Sekunde	秒	□014	Sonntag	日曜日

73

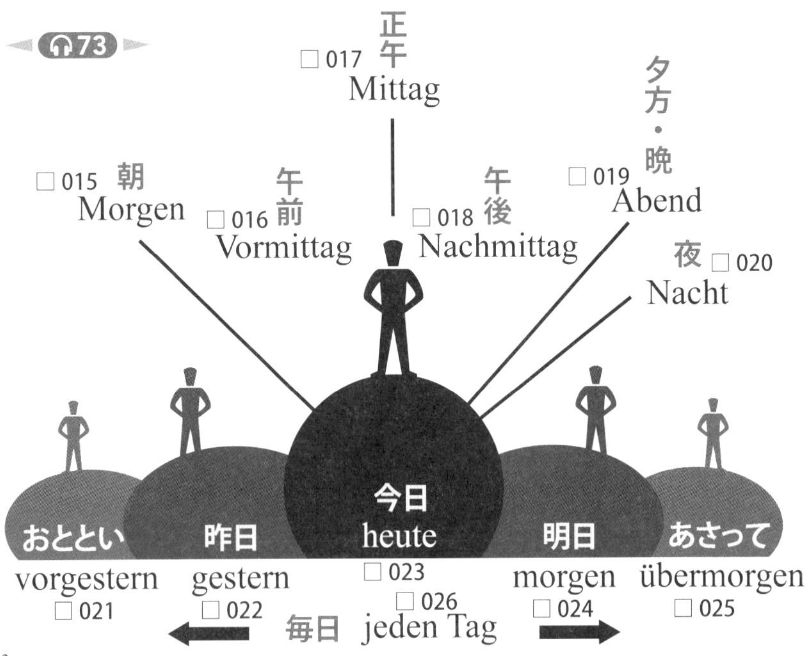

74
□ 027
春 Frühling
□ 028
3月 März
□ 029
4月 April
□ 030
5月 Mai
□ 031
夏 Sommer
□ 032
6月 Juni
□ 033
7月 Juli
□ 034
8月 August
□ 035
秋 Herbst
□ 036
9月 September
□ 037
10月 Oktober
□ 038
11月 November
□ 039
冬 Winter
□ 040
12月 Dezember
□ 041
1月 Januar
□ 042
2月 Februar

付録（VI）ドイツ語の文法入門

ここでは、ドイツ語の文章を理解するために最低限必要な文法だけを紹介します。

「キクタン ドイツ語」に出てくる例文を勉強するときの参考にしてください。

1 名詞

⑴名詞のつづりかた

ドイツ語の名詞は、文中でも必ず大文字で書き始めます。

⑵名詞の性

ドイツ語の名詞には文法上の性があります。「男性名詞」「女性名詞」「中性名詞」の３つに分けられますが、自然界の性別とは必ずしも一致しません。冠詞によって性別を表します。

	男性名詞	女性名詞	中性名詞
定冠詞（the）	**der Vater**	**die Mutter**	**das Kind**
不定冠詞（a/an）	**ein Vater**	**eine Mutter**	**ein Kind**

⑶名詞の数

ドイツ語の名詞は複数形になると性別は区別せず、定冠詞はすべて die となります。不定冠詞に複数形はありません。

⑷名詞の格

文の中で名詞がどんな役割（主語か目的語かなど）を果たすかを示すのが格です。日本語の「て、に、を、は」にほぼ相当します。格は冠詞の変化によって表します。ここでは主語となる１格（が、は）と直接目的語となる４格（を）をしっかりと覚えましょう。

格の変化は「付録（Ⅰ）人称代名詞と冠詞の変化」（52 ～ 53 ページ）を参照してください。

2 動詞

⑴規則動詞

動詞は語幹と語尾に分けられます。語尾が **–en** となっている形が動詞の原形で、不定形といい、辞書にはこの形で載っています。主語の種類によって語尾の形が変化します。動詞の変化は、「付録（ **III** ）動詞活用表」（90 ページ）を参照してください。

⑵不規則動詞

動詞の多くは規則的に変化をしますが、中には主語が **du** と **er/ sie/ es** のときに不規則に変化をするものがあります。不規則動詞はいくつかのグループに分けられます。不規則動詞の変化は、「付録（ **III** ）動詞活用表」（90 ページ）を参照してください。

⑶分離動詞

動詞に前つづりと呼ばれるニュアンスを与えるものが付くと、この前つづりは動詞と分かれて文末に来ます。

Ich stehe auf.

辞書では **auf|stehen** のように、縦の線によって前つづりと動詞が区切られています。

3　形容詞

形容詞は修飾する名詞の性、数、格によって変化します。ドイツ語では形容詞の多くは副詞的にも使われます。

4　前置詞

前置詞は名詞や代名詞の特定の格と結び付きます。

前置詞と冠詞が合わさって表現されることがあります（融合形）。

例）　**zu+dem(der/das** の 3 格 **)=zum**
zu+der(die の 3 格 **)=zur**
an+dem(der/das の 3 格 **)=am**
in+das(das の 4 格 **)=ins**　　など

5　文の構成（語順）

⑴動詞は 2 番目！

ドイツ語では、主語が文頭である必要はありません。しかし平叙文では 2 番目に必ず動詞が来ます。

Ich trinke gern Bier.
Bier trinke ich gern.

⑵助動詞

助動詞を使う場合は助動詞が 2 番目に、動詞が文末に来ます。助動詞と一緒になる場合、動詞は必ず不定形になります。

Ich möchte Bier trinken.

6　疑問文の作りかた

⑴疑問詞のある疑問文

疑問詞を文頭に、動詞を 2 番目に入れます。

Was trinkst du gern?

⑵疑問詞のない疑問文

Ja/ Nein で答えられる疑問文では動詞が文頭に来ます。

Trinkst du gern Bier? （動詞＋主語）

7　否定文の作りかた

不定冠詞が付いた名詞、冠詞が付いていない名詞、複数形の名詞は kein を名詞の前に付けて否定します。

Ich habe keine Zeit.

kein の変化は所有冠詞 **mein** と同じです。「付録（Ｉ）人称代名詞と冠詞の変化」（52 ～ 53 ページ）にある **mein** の **m** を **k** に変えれば **kein** の変化となります。

kein で否定できないもの、定冠詞の付いた名詞や動詞、形容詞などは **nicht** を使って否定します。**nicht** は否定したい要素の直前に置くことが原則ですが、全文否定の場合には文末に来ます。

Ich trinke nicht gern Bier.

見出し語索引

見出し語に登場する語彙を索引としてまとめました。それぞれの語彙の最初にある数字は見出し語番号を、後の数字はページを表しています。

改訂版
キクタン ドイツ語【入門編】
独検5級レベル

発行日	2010年5月31日（初版）
	2024年3月13日（改訂版）
著者	岡村りら（専修大学教授）
編集	株式会社アルク 出版編集部
ドイツ語校正	Eva Wölbling
アートディレクション	細山田光宣
カバーデザイン	横山朋香／柏倉美地（細山田デザイン事務所）
本文デザイン	奥山和典（酒冨デザイン）
イラスト	（本文）奥山和典（酒冨デザイン）
	（帯）白井匠（白井図画室）
DTP	株式会社創樹
ナレーション	Nadine Kaczmarek／北村浩子
音楽制作	Niwaty
音声編集	安西一明
録音	トライアンフ株式会社
印刷・製本	シナノ印刷株式会社
発行者	天野智之
発行所	株式会社アルク
	〒102-0073　東京都千代田区九段北 4-2-6　市ヶ谷ビル
	Website　https://www.alc.co.jp

※この書籍は 2010 年 5 月刊行の『キクタン ドイツ語【入門編】独検 5 級レベル』を改訂したものです。

落丁本、乱丁本は弊社にてお取り替えいたしております。
Web お問い合わせフォームにてご連絡ください。
https://www.alc.co.jp/inquiry/

ご購入いただいた書籍の最新サポート情報は、以下の「製品サポート」ページでご提供いたします。
製品サポート: https://www.alc.co.jp/usersupport/

PC : 7024050
ISBN : 978-4-7574-4096-8

地球人ネットワークを創る

アルクのシンボル
「地球人マーク」です。